MATH SPEED DRILLS

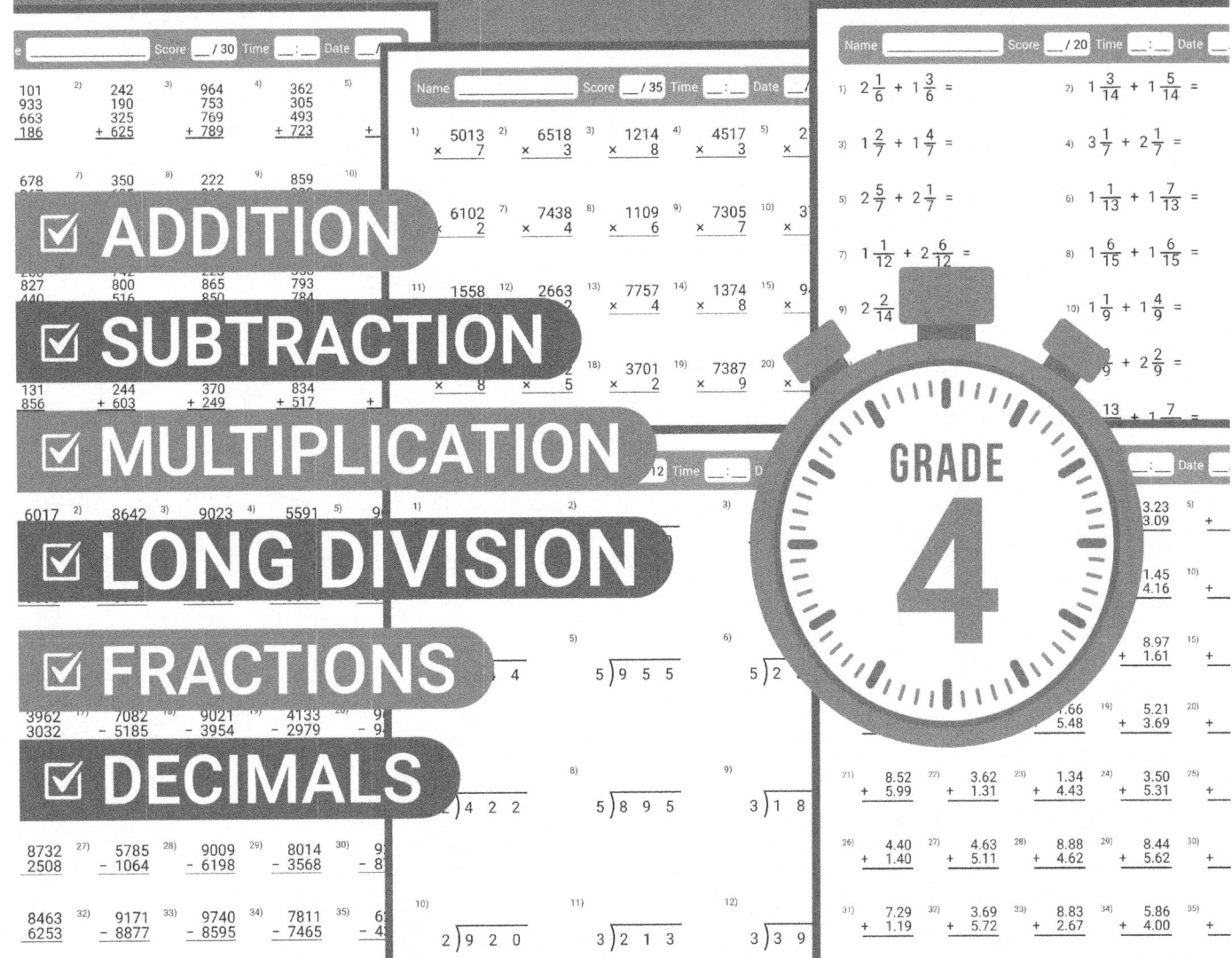

- ☑ **ADDITION**
- ☑ **SUBTRACTION**
- ☑ **MULTIPLICATION**
- ☑ **LONG DIVISION**
- ☑ **FRACTIONS**
- ☑ **DECIMALS**

GRADE 4

This Workbook Belongs to:

_____

© Nermilio Books
www.nermilio.com

Table of Contents

Level 1 7
ADDITION - Adding four 3-digit numbers

Level 2 14
ADDITION - Adding three 4-digit numbers

Level 3 21
SUBTRACTION - Subtracting 4-digit numbers

Level 4 28
SUBTRACTION - Subtracting large numbers

Level 5 35
MULTIPLICATION - Multiplying 1-digit by 4-digit numbers

Level 6 43
MULTIPLICATION - Multiplying 2-digit by 3-digit numbers

Level 7 51
LONG DIVISION - Dividing 3-digit numbers by 1-digit with no remainder

Level 8 58
LONG DIVISION - Dividing 3-digit numbers by 1-digit with remainder

Level 9 65
FRACTIONS - Adding mixed numbers with like denominators

Level 10 72
FRACTIONS - Subtracting mixed numbers with like denominators

Level 11 79
DECIMALS - Adding 2-digit decimals

Level 12 86
DECIMALS - Subtracting 2-digit decimals

Answer Key 94

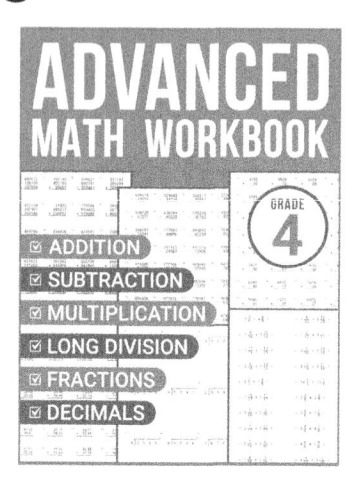

Other math workbooks for your 4th grader...

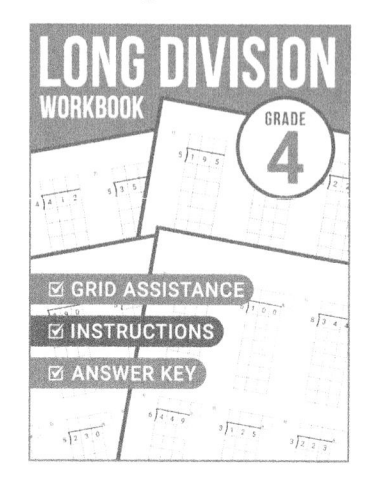

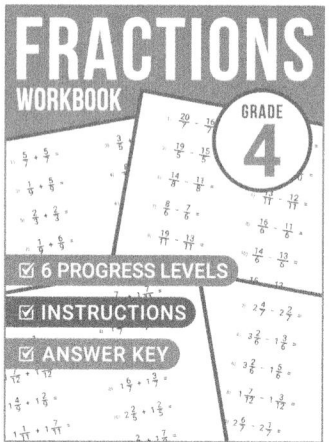

www.Nermilio.com

Level 1

Addition

Adding four 3-digit numbers

Name _____ **Score** ___/30 **Time** __:__ **Date** __/__

1) 101
    933
    663
  + 186

2) 242
    190
    325
  + 625

3) 964
    753
    769
  + 789

4) 362
    305
    493
  + 723

5) 772
    578
    433
  + 852

6) 678
    267
    787
  + 960

7) 350
    695
    869
  + 277

8) 222
    919
    910
  + 961

9) 859
    988
    270
  + 962

10) 269
    208
    783
  + 715

11) 260
    827
    440
  + 801

12) 742
    800
    516
  + 502

13) 223
    865
    850
  + 305

14) 358
    793
    784
  + 359

15) 632
    232
    109
  + 890

16) 439
    383
    131
  + 856

17) 358
    825
    244
  + 603

18) 107
    859
    370
  + 249

19) 860
    955
    834
  + 517

20) 680
    660
    502
  + 664

21) 638
    480
    456
  + 289

22) 921
    186
    986
  + 897

23) 372
    602
    639
  + 558

24) 788
    588
    920
  + 268

25) 688
    179
    599
  + 995

26) 599
    820
    255
  + 152

27) 815
    270
    686
  + 113

28) 757
    774
    959
  + 896

29) 192
    881
    397
  + 283

30) 477
    107
    296
  + 277

Page 8

Name ____________ Score __ / 30 Time __ : __ Date __ / __

1) 236 337 373 + 827	2) 961 941 648 + 925	3) 323 598 828 + 744	4) 905 608 112 + 697	5) 462 351 168 + 560
6) 552 503 510 + 428	7) 441 557 348 + 184	8) 715 771 883 + 682	9) 401 333 538 + 653	10) 731 686 629 + 534
11) 397 832 329 + 928	12) 329 910 335 + 870	13) 506 534 668 + 625	14) 315 969 548 + 905	15) 141 809 942 + 384
16) 486 991 246 + 548	17) 856 494 285 + 888	18) 594 494 682 + 988	19) 958 342 992 + 376	20) 726 734 802 + 647
21) 372 909 780 + 604	22) 775 523 688 + 892	23) 991 837 279 + 599	24) 301 810 558 + 753	25) 495 500 165 + 675
26) 399 987 725 + 773	27) 917 300 633 + 598	28) 176 741 504 + 475	29) 104 273 913 + 561	30) 284 170 630 + 642

| Name | Score __/30 | Time __:__ | Date __/__ |

1) 157 + 588 + 678 + 252

2) 488 + 301 + 285 + 313

3) 386 + 186 + 177 + 741

4) 852 + 428 + 961 + 914

5) 502 + 391 + 106 + 593

6) 592 + 377 + 720 + 555

7) 726 + 438 + 142 + 997

8) 377 + 537 + 773 + 178

9) 177 + 849 + 973 + 131

10) 318 + 705 + 904 + 705

11) 120 + 486 + 280 + 290

12) 500 + 884 + 929 + 257

13) 413 + 574 + 700 + 880

14) 506 + 933 + 282 + 961

15) 797 + 670 + 568 + 753

16) 871 + 770 + 282 + 878

17) 558 + 429 + 445 + 934

18) 450 + 667 + 229 + 803

19) 481 + 976 + 440 + 817

20) 176 + 355 + 820 + 766

21) 655 + 209 + 144 + 945

22) 419 + 175 + 527 + 394

23) 629 + 300 + 168 + 872

24) 509 + 312 + 820 + 637

25) 541 + 406 + 516 + 379

26) 240 + 329 + 428 + 408

27) 386 + 439 + 755 + 597

28) 403 + 723 + 612 + 829

29) 605 + 954 + 573 + 693

30) 239 + 180 + 538 + 251

| Name | Score __/30 | Time __:__ | Date __/__ |

1)   195
     285
     526
   + 915

2)   343
     570
     367
   + 748

3)   246
     584
     833
   + 380

4)   470
     720
     640
   + 120

5)   541
     954
     820
   + 344

6)   378
     655
     224
   + 750

7)   500
     291
     651
   + 697

8)   787
     308
     510
   + 361

9)   406
     573
     171
   + 980

10) 885
     944
     850
   + 102

11) 228
     756
     935
   + 832

12) 303
     328
     195
   + 726

13) 748
     315
     379
   + 157

14) 363
     567
     356
   + 163

15) 990
     967
     390
   + 966

16) 954
     550
     221
   + 136

17) 370
     323
     360
   + 722

18) 758
     323
     204
   + 430

19) 993
     247
     132
   + 574

20) 585
     326
     666
   + 644

21) 819
     728
     336
   + 560

22) 764
     175
     656
   + 165

23) 515
     583
     379
   + 279

24) 929
     624
     485
   + 890

25) 146
     558
     285
   + 560

26) 488
     231
     951
   + 915

27) 975
     790
     229
   + 244

28) 455
     663
     692
   + 167

29) 207
     595
     522
   + 150

30) 622
     672
     201
   + 373

Name _____ **Score** __ / 30 **Time** __:__ **Date** __/__

1) 723 + 174 + 899 + 102

2) 292 + 396 + 686 + 716

3) 240 + 792 + 659 + 571

4) 497 + 752 + 727 + 727

5) 165 + 405 + 708 + 220

6) 289 + 448 + 798 + 780

7) 525 + 462 + 456 + 801

8) 402 + 197 + 651 + 256

9) 680 + 974 + 937 + 477

10) 215 + 596 + 767 + 150

11) 170 + 157 + 543 + 389

12) 729 + 280 + 658 + 634

13) 942 + 473 + 745 + 326

14) 788 + 682 + 161 + 481

15) 799 + 283 + 547 + 892

16) 595 + 899 + 387 + 550

17) 383 + 819 + 771 + 237

18) 500 + 183 + 556 + 767

19) 876 + 473 + 492 + 712

20) 990 + 881 + 971 + 557

21) 179 + 564 + 249 + 200

22) 442 + 691 + 291 + 244

23) 983 + 634 + 357 + 326

24) 346 + 665 + 414 + 745

25) 854 + 455 + 557 + 781

26) 740 + 122 + 502 + 974

27) 779 + 820 + 158 + 906

28) 600 + 254 + 974 + 513

29) 819 + 244 + 801 + 132

30) 324 + 878 + 708 + 246

Page 12

Name _____ Score ___/30 Time __:__ Date __/__

1)
```
   326
   741
   270
 + 232
```

2)
```
   428
   176
   398
 + 918
```

3)
```
   447
   289
   835
 + 733
```

4)
```
   869
   181
   927
 + 778
```

5)
```
   855
   941
   121
 + 237
```

6)
```
   667
   390
   995
 + 729
```

7)
```
   518
   854
   971
 + 597
```

8)
```
   495
   549
   747
 + 259
```

9)
```
   533
   407
   117
 + 155
```

10)
```
   287
   552
   440
 + 354
```

11)
```
   532
   817
   207
 + 137
```

12)
```
   967
   735
   831
 + 921
```

13)
```
   863
   873
   696
 + 289
```

14)
```
   909
   443
   515
 + 687
```

15)
```
   332
   928
   874
 + 896
```

16)
```
   574
   720
   502
 + 371
```

17)
```
   188
   909
   913
 + 741
```

18)
```
   539
   924
   302
 + 260
```

19)
```
   881
   900
   438
 + 196
```

20)
```
   726
   237
   185
 + 274
```

21)
```
   795
   142
   220
 + 631
```

22)
```
   521
   678
   607
 + 958
```

23)
```
   304
   117
   743
 + 973
```

24)
```
   493
   649
   137
 + 842
```

25)
```
   369
   862
   805
 + 903
```

26)
```
   550
   100
   308
 + 401
```

27)
```
   714
   881
   863
 + 383
```

28)
```
   959
   318
   773
 + 984
```

29)
```
   640
   872
   453
 + 392
```

30)
```
   497
   817
   243
 + 991
```

Page 13

Level 2

Addition

Adding three 4-digit numbers

Name _____ Score __ / 30 Time __:__ Date __/__

1)
```
   7429
   3030
 + 3034
```

2)
```
   3347
   2199
 + 2741
```

3)
```
   6841
   7191
 + 8802
```

4)
```
   5586
   6500
 + 9173
```

5)
```
   9838
   9755
 + 2059
```

6)
```
   5978
   1036
 + 8888
```

7)
```
   6204
   4148
 + 6955
```

8)
```
   5333
   5475
 + 7294
```

9)
```
   9566
   7433
 + 6731
```

10)
```
   3766
   8092
 + 4060
```

11)
```
   6749
   7340
 + 8115
```

12)
```
   2442
   2724
 + 5531
```

13)
```
   5143
   8085
 + 1183
```

14)
```
   3836
   7593
 + 8375
```

15)
```
   1391
   2147
 + 6278
```

16)
```
   2648
   6942
 + 5507
```

17)
```
   4055
   9395
 + 7265
```

18)
```
   8831
   4591
 + 1201
```

19)
```
   6134
   7073
 + 1666
```

20)
```
   1342
   8377
 + 5724
```

21)
```
   2671
   9089
 + 8856
```

22)
```
   5970
   2358
 + 6766
```

23)
```
   4171
   1758
 + 3428
```

24)
```
   6299
   2710
 + 8589
```

25)
```
   6182
   9167
 + 5297
```

26)
```
   1776
   2680
 + 8572
```

27)
```
   4242
   3643
 + 5811
```

28)
```
   9574
   1901
 + 7203
```

29)
```
   5653
   6703
 + 3909
```

30)
```
   4533
   6508
 + 7748
```

Page 15

Name ________________ Score __ / 30 Time __ : __ Date __ / __

1) 3714 3548 + 1095	2) 3374 7876 + 3467	3) 2388 4460 + 2606	4) 3680 8010 + 3811	5) 9747 9521 + 3661
6) 1608 7424 + 4585	7) 1405 2641 + 9818	8) 8378 4998 + 8867	9) 8738 3417 + 7846	10) 5272 4343 + 4874
11) 3268 5759 + 2863	12) 7382 1314 + 1453	13) 5368 9153 + 8582	14) 9064 7899 + 9991	15) 3151 8284 + 3971
16) 5587 3755 + 6381	17) 3162 4883 + 8073	18) 3774 5550 + 8348	19) 2575 1822 + 6506	20) 2664 4257 + 4732
21) 4518 4283 + 2239	22) 1368 5181 + 7442	23) 8739 9742 + 2521	24) 1108 8132 + 8246	25) 6097 6686 + 4128
26) 5023 8395 + 9087	27) 1166 2881 + 9883	28) 4844 6112 + 1374	29) 4975 2284 + 8613	30) 2121 5250 + 8996

Name _____ Score ___/30 Time __:__ Date __/__

1) 4415
    6828
  + 6869

2) 8370
    3640
  + 3744

3) 8911
    9326
  + 7906

4) 6303
    4850
  + 7992

5) 9313
    6456
  + 1758

6) 5181
    4277
  + 5816

7) 8952
    9441
  + 4370

8) 9595
    8764
  + 3125

9) 8760
    2960
  + 5777

10) 7951
    3461
  + 6227

11) 8021
    7781
  + 9017

12) 7668
    5245
  + 7846

13) 2749
    8886
  + 8088

14) 2259
    5604
  + 2760

15) 9310
    8612
  + 8174

16) 4038
    8283
  + 2740

17) 8430
    6948
  + 3911

18) 5864
    4503
  + 1210

19) 5870
    1448
  + 8497

20) 6859
    1958
  + 7061

21) 2539
    3981
  + 1822

22) 7862
    5270
  + 8337

23) 8095
    4029
  + 9313

24) 8782
    3254
  + 4274

25) 6390
    7823
  + 9485

26) 5502
    5424
  + 2763

27) 1038
    3957
  + 1059

28) 5561
    5827
  + 6641

29) 3600
    8157
  + 6446

30) 7152
    8042
  + 9715

Page 17

Name _____ **Score** __/30 **Time** __:__ **Date** __/__

1)　　5820
　　　4781
　　+ 1262

2)　　4600
　　　3001
　　+ 4211

3)　　4059
　　　4568
　　+ 8997

4)　　6653
　　　8277
　　+ 4584

5)　　5273
　　　8005
　　+ 4811

6)　　7268
　　　3091
　　+ 3854

7)　　7856
　　　6914
　　+ 9631

8)　　4918
　　　1859
　　+ 7652

9)　　1294
　　　6405
　　+ 8396

10)　　6376
　　　9902
　　+ 5150

11)　　6072
　　　7877
　　+ 8877

12)　　6827
　　　5141
　　+ 3277

13)　　2578
　　　6243
　　+ 2504

14)　　9731
　　　8193
　　+ 5682

15)　　4664
　　　2985
　　+ 7482

16)　　3676
　　　6028
　　+ 3421

17)　　5405
　　　4919
　　+ 2625

18)　　5482
　　　4608
　　+ 5908

19)　　9323
　　　4787
　　+ 1498

20)　　5475
　　　7197
　　+ 6259

21)　　7860
　　　8547
　　+ 2864

22)　　1881
　　　9980
　　+ 9873

23)　　2478
　　　5034
　　+ 1111

24)　　1859
　　　3260
　　+ 7315

25)　　4069
　　　3696
　　+ 3599

26)　　1256
　　　9038
　　+ 7404

27)　　3553
　　　6090
　　+ 2338

28)　　4455
　　　9787
　　+ 7161

29)　　8836
　　　7559
　　+ 3491

30)　　9396
　　　2633
　　+ 7088

Name _____ Score ___/30 Time ___:___ Date ___/___

1) 8339
    1540
 + 7295

2) 8706
    4836
 + 8682

3) 7480
    7098
 + 4016

4) 8658
    6550
 + 2780

5) 8649
    6664
 + 1286

6) 3612
    5305
 + 8230

7) 3555
    9564
 + 5938

8) 2210
    8348
 + 3663

9) 9787
    1505
 + 3580

10) 7218
    5664
 + 2683

11) 5931
    3643
 + 3017

12) 2010
    1057
 + 2980

13) 2921
    8344
 + 1592

14) 8592
    9194
 + 5698

15) 2456
    8399
 + 2688

16) 5172
    2784
 + 7454

17) 4539
    2957
 + 1349

18) 8508
    3518
 + 5906

19) 9016
    8924
 + 8743

20) 3702
    1482
 + 5960

21) 7741
    7359
 + 2258

22) 5690
    7107
 + 1684

23) 1024
    2342
 + 6059

24) 1582
    3963
 + 3892

25) 6562
    1280
 + 8723

26) 2726
    9717
 + 6812

27) 5380
    5116
 + 1913

28) 8669
    2982
 + 2744

29) 6765
    7842
 + 7199

30) 8621
    2390
 + 1496

Name ____________ Score __ / 30 Time __ : __ Date __ / __

1) 1240 5941 + 6119	2) 2886 2361 + 9086	3) 5159 4508 + 1704	4) 4138 7371 + 8644	5) 1694 4301 + 9961
6) 8119 2423 + 6797	7) 9921 4609 + 3401	8) 1600 7659 + 1649	9) 2839 3419 + 8859	10) 7090 4740 + 9993
11) 9150 4019 + 8999	12) 4526 2394 + 7325	13) 9867 4796 + 7073	14) 7455 6049 + 1532	15) 1173 8685 + 7225
16) 1270 2457 + 3625	17) 5584 8221 + 4754	18) 1412 1591 + 6007	19) 9139 6195 + 8928	20) 3919 5836 + 6976
21) 8947 4877 + 2947	22) 8205 5263 + 6497	23) 6243 7727 + 1503	24) 1869 2457 + 9167	25) 4188 4305 + 8755
26) 6300 7926 + 7124	27) 8081 8086 + 1205	28) 4520 7018 + 5163	29) 4999 1202 + 2746	30) 9880 4133 + 1596

Level 3

Subtraction

Subtracting 4-digit numbers

Name ______________ Score __ / 40 Time __ : __ Date __ / __

1) 6017 − 2382	2) 8642 − 3404	3) 9023 − 1593	4) 5591 − 4601	5) 9012 − 7721
6) 6687 − 3536	7) 9188 − 6047	8) 4971 − 3096	9) 4154 − 3378	10) 7606 − 3925
11) 6965 − 2960	12) 4497 − 3803	13) 2998 − 1155	14) 8042 − 3594	15) 9344 − 7683
16) 3962 − 3032	17) 7082 − 5185	18) 9021 − 3954	19) 4133 − 2979	20) 9632 − 9482
21) 2433 − 1812	22) 5787 − 2459	23) 3507 − 1509	24) 5596 − 1695	25) 7174 − 1920
26) 8732 − 2508	27) 5785 − 1064	28) 9009 − 6198	29) 8014 − 3568	30) 9245 − 8781
31) 8463 − 6253	32) 9171 − 8877	33) 9740 − 8595	34) 7811 − 7465	35) 6205 − 4334
36) 5716 − 1878	37) 9596 − 2910	38) 5244 − 1579	39) 9542 − 5521	40) 8952 − 4965

Name ____________ Score ___ / 40 Time ___ : ___ Date ___ / ___

1) 5920 − 2824	2) 3439 − 2202	3) 5917 − 3679	4) 9656 − 7636	5) 7459 − 4590
6) 9424 − 2949	7) 7874 − 7308	8) 6500 − 3659	9) 7866 − 2701	10) 8494 − 5063
11) 2803 − 2527	12) 2898 − 2774	13) 5735 − 4049	14) 8702 − 7536	15) 6961 − 2452
16) 7805 − 6820	17) 8179 − 2901	18) 9753 − 1525	19) 8934 − 7845	20) 8299 − 2159
21) 4713 − 1843	22) 9960 − 3920	23) 6788 − 2073	24) 6866 − 4943	25) 7127 − 1055
26) 3869 − 2097	27) 5625 − 2471	28) 9108 − 8400	29) 4793 − 2440	30) 9053 − 2951
31) 3120 − 1747	32) 7054 − 2176	33) 8916 − 2042	34) 9567 − 7939	35) 9776 − 8186
36) 5777 − 5175	37) 8301 − 4950	38) 7804 − 5871	39) 6910 − 2015	40) 9085 − 3394

Name _____ Score ___/40 Time __:__ Date __/__

1) 7264 − 3914
2) 4148 − 2318
3) 4456 − 2686
4) 8790 − 1338
5) 6450 − 4122

6) 5813 − 1685
7) 4587 − 1453
8) 6309 − 3848
9) 2804 − 1209
10) 9989 − 4746

11) 9361 − 2530
12) 9306 − 4378
13) 9157 − 7907
14) 4363 − 1692
15) 8291 − 2339

16) 9471 − 1594
17) 7895 − 1260
18) 3902 − 3768
19) 7507 − 3689
20) 3171 − 1327

21) 8295 − 7091
22) 7281 − 6716
23) 8691 − 8044
24) 2853 − 2319
25) 4574 − 1761

26) 3196 − 2681
27) 5432 − 1166
28) 6829 − 2020
29) 4638 − 1628
30) 8042 − 3865

31) 6378 − 1104
32) 9541 − 7155
33) 6346 − 4292
34) 8183 − 2063
35) 9213 − 6946

36) 7866 − 7721
37) 9997 − 9247
38) 5803 − 3187
39) 9347 − 4474
40) 8876 − 3838

Name ____________	Score ___ / 40	Time ___ : ___	Date ___ / ___

1) 5046 − 2696	2) 5209 − 2461	3) 7184 − 4865	4) 7006 − 6159	5) 5544 − 4850
6) 9539 − 8647	7) 9740 − 4383	8) 4698 − 2021	9) 5114 − 3750	10) 9616 − 5133
11) 3717 − 1672	12) 6746 − 6301	13) 7330 − 5175	14) 9553 − 2872	15) 7509 − 3100
16) 9131 − 1331	17) 9830 − 6455	18) 6355 − 1666	19) 3349 − 1491	20) 7129 − 2694
21) 9899 − 3913	22) 7035 − 2757	23) 8209 − 4546	24) 3263 − 1200	25) 6682 − 1160
26) 2572 − 2173	27) 9183 − 8766	28) 4914 − 1661	29) 6879 − 1282	30) 8368 − 6967
31) 9741 − 1923	32) 5747 − 1693	33) 4263 − 2592	34) 9584 − 8620	35) 6933 − 2021
36) 4950 − 3648	37) 4362 − 1882	38) 9603 − 8385	39) 6594 − 5689	40) 5429 − 3159

Name ____________ Score __ / 40 Time __ : __ Date __/__

1) 7648 − 3045	2) 7218 − 4687	3) 6599 − 2245	4) 7386 − 5352	5) 9654 − 3340
6) 7521 − 4072	7) 9540 − 5739	8) 9975 − 6538	9) 4842 − 2567	10) 6344 − 2895
11) 6044 − 1630	12) 5020 − 3933	13) 8591 − 6273	14) 6334 − 4666	15) 7898 − 1979
16) 4703 − 4092	17) 8658 − 6157	18) 2885 − 1115	19) 4675 − 4093	20) 6885 − 5893
21) 8661 − 8425	22) 9453 − 2997	23) 6062 − 4413	24) 7545 − 1523	25) 3182 − 3141
26) 9124 − 2761	27) 8534 − 5642	28) 9151 − 4728	29) 9079 − 8688	30) 8330 − 6372
31) 4168 − 3071	32) 4637 − 3296	33) 4663 − 4009	34) 5592 − 2107	35) 4927 − 1177
36) 9950 − 8913	37) 4621 − 2640	38) 3339 − 1709	39) 4909 − 4564	40) 7317 − 6659

Name _____ Score ___/40 Time ___:___ Date ___/___

1) 9533 − 6833
2) 6338 − 3596
3) 7312 − 1975
4) 3139 − 1740
5) 9926 − 5284

6) 5201 − 2860
7) 1938 − 1013
8) 3506 − 2610
9) 9870 − 6993
10) 7914 − 5041

11) 9498 − 4425
12) 9089 − 6049
13) 9944 − 5680
14) 9925 − 3584
15) 8832 − 5688

16) 6798 − 1731
17) 9695 − 1453
18) 8937 − 6730
19) 7033 − 3666
20) 6631 − 2725

21) 9508 − 5074
22) 5031 − 4450
23) 3271 − 1218
24) 7496 − 6208
25) 4862 − 1833

26) 7558 − 6740
27) 6485 − 4245
28) 5480 − 4977
29) 7952 − 1374
30) 7739 − 6989

31) 6099 − 1566
32) 9384 − 5343
33) 8553 − 2152
34) 9263 − 1184
35) 3459 − 1807

36) 6202 − 3064
37) 5292 − 2923
38) 9049 − 1422
39) 5051 − 3593
40) 7740 − 1961

Level 4

Subtraction

Subtracting large numbers

| Name | Score __/32 | Time __:__ | Date __/__ |

1) 314246 − 15742

2) 584571 − 79003

3) 931060 − 21358

4) 326211 − 56724

5) 180308 − 94222

6) 479638 − 24612

7) 149233 − 50255

8) 385498 − 72629

9) 522610 − 24398

10) 964264 − 28769

11) 186251 − 20553

12) 715350 − 54359

13) 586207 − 82913

14) 337243 − 75984

15) 262746 − 92583

16) 308959 − 69064

17) 642662 − 59149

18) 271226 − 66682

19) 547216 − 30002

20) 335815 − 65698

21) 772709 − 49358

22) 348454 − 83410

23) 450488 − 20567

24) 992817 − 20106

25) 146007 − 76226

26) 437347 − 32837

27) 401440 − 17348

28) 155307 − 43083

29) 536586 − 18696

30) 639890 − 22937

31) 833945 − 15828

32) 296021 − 70121

Name ____________ Score __ / 32 Time __ : __ Date __ / __

1) 688826 − 44224	2) 619144 − 62600	3) 560174 − 14592	4) 316975 − 64331
5) 919058 − 84626	6) 724234 − 55150	7) 159666 − 35596	8) 633465 − 71174
9) 115350 − 45933	10) 227217 − 87988	11) 815779 − 73950	12) 895625 − 16419
13) 400260 − 69509	14) 187545 − 32646	15) 321416 − 15062	16) 752884 − 93831
17) 728674 − 13329	18) 396823 − 63276	19) 423506 − 48643	20) 600926 − 26671
21) 871916 − 29610	22) 875450 − 27263	23) 930892 − 27379	24) 488333 − 72801
25) 251255 − 25056	26) 244394 − 34861	27) 719849 − 86858	28) 898689 − 48480
29) 165727 − 29955	30) 135347 − 87822	31) 312655 − 55178	32) 605765 − 50595

| Name | Score | / 32 | Time | : | Date | / |

1) 502329 − 75067

2) 251288 − 21666

3) 416803 − 87763

4) 602775 − 40353

5) 396303 − 27525

6) 975822 − 15656

7) 859812 − 91571

8) 565681 − 26564

9) 617849 − 39856

10) 136298 − 76466

11) 909439 − 77879

12) 941969 − 93256

13) 784379 − 91971

14) 422900 − 78874

15) 743276 − 22298

16) 270352 − 47511

17) 887616 − 11920

18) 525456 − 47632

19) 936935 − 75403

20) 825196 − 47387

21) 490651 − 50735

22) 770256 − 73512

23) 247700 − 39256

24) 379433 − 85062

25) 495346 − 48265

26) 788371 − 15521

27) 885349 − 96411

28) 166154 − 47587

29) 160890 − 34640

30) 554333 − 58674

31) 909148 − 22235

32) 407429 − 87835

| Name | Score ___ / 32 | Time ___ : ___ | Date ___ / ___ |

1) 190311 − 46640

2) 347674 − 34523

3) 676842 − 98499

4) 595895 − 57984

5) 399992 − 44031

6) 722898 − 27464

7) 394647 − 28517

8) 251140 − 10240

9) 548775 − 16088

10) 246084 − 91323

11) 991164 − 14768

12) 902572 − 65972

13) 217108 − 52173

14) 477208 − 97890

15) 744111 − 92865

16) 318098 − 31760

17) 135604 − 51530

18) 191570 − 98683

19) 675130 − 87092

20) 817431 − 37284

21) 125010 − 97876

22) 555948 − 86876

23) 532069 − 64276

24) 880041 − 93478

25) 422578 − 86988

26) 813633 − 92864

27) 288904 − 10086

28) 768254 − 49297

29) 486094 − 87617

30) 558386 − 34101

31) 806258 − 65641

32) 534438 − 63310

| Name | Score __/32 | Time __:__ | Date __/__ |

1) 710339 − 48855

2) 527470 − 13568

3) 925808 − 91363

4) 986619 − 13795

5) 404189 − 86104

6) 905345 − 93456

7) 278944 − 72961

8) 528537 − 87515

9) 440863 − 52399

10) 792166 − 34698

11) 115030 − 72591

12) 233182 − 37264

13) 253094 − 47452

14) 301528 − 65889

15) 517573 − 89405

16) 924690 − 58012

17) 428445 − 36939

18) 819755 − 11828

19) 278267 − 62756

20) 305105 − 63376

21) 158911 − 96230

22) 301526 − 25537

23) 548446 − 39530

24) 973969 − 95585

25) 175737 − 40438

26) 460196 − 35554

27) 229035 − 42818

28) 218658 − 10551

29) 231826 − 36305

30) 886676 − 83125

31) 764047 − 65142

32) 626177 − 34296

Name ____________ Score __ / 32 Time __ : __ Date __/__

1) 651852 − 30361	2) 423659 − 74965	3) 234490 − 57341	4) 591542 − 73122
5) 854757 − 89903	6) 585088 − 27107	7) 130254 − 22174	8) 369922 − 85070
9) 273037 − 15217	10) 736939 − 16314	11) 923656 − 67194	12) 358495 − 19891
13) 338557 − 17144	14) 969578 − 47561	15) 593175 − 35269	16) 983054 − 49357
17) 753223 − 43733	18) 578018 − 54953	19) 712645 − 51024	20) 412894 − 70908
21) 364238 − 25105	22) 802984 − 20977	23) 642585 − 70174	24) 580785 − 74973
25) 621031 − 21157	26) 379232 − 85117	27) 814516 − 77530	28) 564711 − 48665
29) 865402 − 71937	30) 145085 − 51034	31) 957780 − 13436	32) 372192 − 53252

Level 5

Multiplication

Multiplying 1-digit by 4-digit numbers

Name ____________ Score __ / 35 Time __ : __ Date __/__

1) 5013 × 7	2) 6518 × 3	3) 1214 × 8	4) 4517 × 3	5) 2182 × 4
6) 6102 × 2	7) 7438 × 4	8) 1109 × 6	9) 7305 × 7	10) 3786 × 7
11) 1558 × 2	12) 2663 × 2	13) 7757 × 4	14) 1374 × 8	15) 9421 × 7
16) 9301 × 8	17) 7082 × 5	18) 3701 × 2	19) 7387 × 9	20) 3468 × 4
21) 6258 × 5	22) 1553 × 2	23) 3359 × 5	24) 7891 × 2	25) 6117 × 3
26) 1780 × 6	27) 6293 × 9	28) 8564 × 9	29) 9416 × 6	30) 4841 × 2
31) 3030 × 8	32) 4044 × 3	33) 7798 × 8	34) 7518 × 8	35) 4603 × 4

Name _____ Score __/35 Time __:__ Date __/__

1) 7295 × 6
2) 5476 × 4
3) 4694 × 9
4) 3658 × 2
5) 9008 × 7

6) 7955 × 2
7) 6603 × 8
8) 5856 × 6
9) 7846 × 3
10) 5795 × 8

11) 5071 × 2
12) 5164 × 4
13) 8748 × 5
14) 9154 × 3
15) 4499 × 6

16) 3383 × 6
17) 9498 × 3
18) 2471 × 3
19) 5460 × 9
20) 2016 × 6

21) 6692 × 8
22) 3679 × 7
23) 1475 × 6
24) 4439 × 7
25) 8486 × 4

26) 9105 × 5
27) 4168 × 7
28) 3655 × 5
29) 3374 × 4
30) 8061 × 2

31) 7582 × 4
32) 9940 × 3
33) 9429 × 2
34) 9645 × 3
35) 5743 × 6

Name ____________ Score __ / 35 Time __ : __ Date __/__

1) 2447 × 3	2) 4302 × 9	3) 3206 × 5	4) 9002 × 4	5) 7269 × 5
6) 5238 × 5	7) 9654 × 4	8) 4924 × 9	9) 7366 × 2	10) 9824 × 6
11) 7394 × 8	12) 7888 × 9	13) 3836 × 4	14) 2893 × 9	15) 4611 × 2
16) 5255 × 3	17) 7514 × 5	18) 4329 × 6	19) 6756 × 7	20) 5327 × 5
21) 2200 × 3	22) 5318 × 6	23) 9054 × 5	24) 2345 × 2	25) 7881 × 4
26) 1923 × 9	27) 8148 × 6	28) 7474 × 7	29) 6620 × 2	30) 1662 × 9
31) 6608 × 2	32) 5183 × 9	33) 3814 × 6	34) 9739 × 8	35) 5353 × 9

Name _____ Score ___/35 Time ___:___ Date ___/___

1) 2891 × 2

2) 6056 × 4

3) 2494 × 9

4) 4328 × 6

5) 2865 × 7

6) 1230 × 4

7) 1264 × 8

8) 1962 × 8

9) 7683 × 3

10) 9634 × 6

11) 8371 × 5

12) 1209 × 6

13) 5980 × 9

14) 8787 × 6

15) 8934 × 6

16) 4700 × 9

17) 6540 × 5

18) 3085 × 7

19) 9137 × 9

20) 6823 × 5

21) 4506 × 4

22) 6916 × 2

23) 9691 × 8

24) 4010 × 8

25) 7281 × 6

26) 4108 × 9

27) 6285 × 5

28) 4944 × 6

29) 7749 × 4

30) 1852 × 7

31) 4902 × 3

32) 4370 × 6

33) 8163 × 5

34) 6761 × 9

35) 6464 × 5

Page 39

Name _____ **Score** ___/35 **Time** __:__ **Date** __/__

1) 4312 × 9

2) 2188 × 5

3) 7753 × 4

4) 3462 × 9

5) 8775 × 7

6) 3561 × 9

7) 3566 × 4

8) 9462 × 6

9) 9351 × 6

10) 6643 × 6

11) 5362 × 3

12) 2023 × 8

13) 9349 × 6

14) 4001 × 7

15) 2630 × 7

16) 1129 × 4

17) 4039 × 7

18) 3973 × 2

19) 3249 × 3

20) 2937 × 7

21) 5202 × 8

22) 3224 × 5

23) 4667 × 3

24) 4592 × 6

25) 4229 × 5

26) 9070 × 8

27) 9144 × 5

28) 6881 × 5

29) 3118 × 6

30) 2626 × 5

31) 3482 × 3

32) 2917 × 3

33) 4829 × 3

34) 3588 × 3

35) 8873 × 3

Name _____ **Score** ___/35 **Time** ___:___ **Date** ___/___

1) 2998 × 9
2) 7431 × 3
3) 1334 × 4
4) 3653 × 4
5) 6711 × 9

6) 4777 × 8
7) 9215 × 5
8) 5968 × 2
9) 6206 × 6
10) 9681 × 3

11) 9963 × 4
12) 9493 × 9
13) 8761 × 6
14) 5757 × 4
15) 1984 × 4

16) 3017 × 8
17) 7236 × 3
18) 2715 × 8
19) 1794 × 3
20) 1398 × 4

21) 2920 × 5
22) 8378 × 5
23) 4603 × 7
24) 3843 × 3
25) 1138 × 5

26) 9301 × 3
27) 3748 × 9
28) 4183 × 2
29) 9026 × 6
30) 8025 × 8

31) 8634 × 8
32) 3292 × 5
33) 6057 × 3
34) 7578 × 4
35) 1385 × 6

Name _____ Score ___/35 Time ___:___ Date ___/___

1) 9026 × 4
2) 6723 × 6
3) 8212 × 8
4) 1417 × 7
5) 3796 × 6

6) 6706 × 4
7) 6692 × 4
8) 2986 × 3
9) 8204 × 4
10) 1466 × 5

11) 2143 × 4
12) 7466 × 5
13) 6673 × 8
14) 7521 × 4
15) 9442 × 3

16) 1583 × 7
17) 9819 × 7
18) 2628 × 8
19) 9985 × 6
20) 5207 × 5

21) 8939 × 7
22) 7038 × 3
23) 7732 × 9
24) 1076 × 6
25) 2846 × 9

26) 5563 × 6
27) 9344 × 8
28) 1965 × 7
29) 9229 × 2
30) 5505 × 3

31) 1510 × 5
32) 2682 × 4
33) 7625 × 5
34) 3016 × 4
35) 5622 × 3

Level 6

Multiplication

Multiplying 2-digit by 3-digit numbers

Name ____________ Score __ / 35 Time __ : __ Date __/__

1) 837 × 73	2) 776 × 60	3) 255 × 50	4) 108 × 88	5) 691 × 97
6) 367 × 52	7) 105 × 29	8) 492 × 14	9) 542 × 35	10) 158 × 41
11) 614 × 94	12) 751 × 70	13) 246 × 48	14) 791 × 70	15) 370 × 41
16) 587 × 67	17) 336 × 78	18) 340 × 76	19) 807 × 51	20) 331 × 55
21) 423 × 73	22) 117 × 98	23) 235 × 96	24) 250 × 15	25) 803 × 77
26) 348 × 29	27) 273 × 46	28) 917 × 96	29) 457 × 71	30) 941 × 59
31) 581 × 75	32) 481 × 38	33) 800 × 37	34) 473 × 49	35) 983 × 78

Name _____ Score ___/35 Time ___:___ Date ___/___

1) 246 × 26
2) 515 × 86
3) 415 × 83
4) 501 × 16
5) 448 × 60

6) 674 × 28
7) 102 × 65
8) 662 × 82
9) 713 × 94
10) 646 × 44

11) 992 × 15
12) 240 × 28
13) 697 × 68
14) 193 × 92
15) 937 × 70

16) 673 × 99
17) 402 × 27
18) 809 × 97
19) 537 × 44
20) 769 × 38

21) 601 × 85
22) 369 × 68
23) 778 × 94
24) 812 × 14
25) 770 × 51

26) 938 × 90
27) 495 × 99
28) 799 × 20
29) 576 × 47
30) 623 × 57

31) 837 × 20
32) 492 × 13
33) 900 × 99
34) 197 × 37
35) 566 × 62

Name ____________ Score __ / 35 Time __ : __ Date __ / __

1) 833 × 65	2) 800 × 22	3) 585 × 93	4) 930 × 68	5) 865 × 77
6) 581 × 88	7) 392 × 35	8) 671 × 62	9) 240 × 44	10) 972 × 59
11) 587 × 20	12) 603 × 18	13) 127 × 73	14) 302 × 57	15) 555 × 93
16) 958 × 77	17) 132 × 43	18) 102 × 48	19) 725 × 16	20) 165 × 22
21) 262 × 44	22) 173 × 73	23) 124 × 86	24) 613 × 32	25) 398 × 39
26) 838 × 72	27) 886 × 68	28) 809 × 32	29) 324 × 12	30) 745 × 13
31) 983 × 11	32) 614 × 75	33) 853 × 72	34) 655 × 16	35) 443 × 60

Name _____ Score ___/35 Time __:__ Date __/__

1) 351 × 46

2) 345 × 83

3) 900 × 32

4) 604 × 62

5) 890 × 65

6) 379 × 99

7) 661 × 86

8) 269 × 29

9) 489 × 52

10) 820 × 63

11) 995 × 57

12) 611 × 54

13) 417 × 94

14) 100 × 13

15) 877 × 51

16) 818 × 31

17) 112 × 36

18) 294 × 91

19) 122 × 19

20) 224 × 29

21) 762 × 39

22) 413 × 37

23) 521 × 26

24) 767 × 24

25) 444 × 26

26) 686 × 47

27) 417 × 67

28) 361 × 26

29) 718 × 47

30) 616 × 63

31) 729 × 50

32) 226 × 44

33) 667 × 95

34) 321 × 11

35) 768 × 25

Page 47

Name _____ **Score** ___/35 **Time** __:__ **Date** __/__

1) 635 × 88
2) 469 × 24
3) 334 × 27
4) 835 × 42
5) 229 × 32

6) 346 × 89
7) 385 × 47
8) 983 × 84
9) 513 × 76
10) 458 × 25

11) 401 × 97
12) 119 × 28
13) 720 × 59
14) 916 × 49
15) 315 × 68

16) 364 × 65
17) 974 × 22
18) 961 × 51
19) 136 × 10
20) 171 × 70

21) 567 × 22
22) 197 × 88
23) 326 × 61
24) 591 × 42
25) 159 × 87

26) 590 × 33
27) 547 × 69
28) 337 × 21
29) 881 × 21
30) 274 × 92

31) 887 × 21
32) 618 × 81
33) 554 × 24
34) 677 × 52
35) 504 × 65

| Name | Score ___ / 35 | Time __ : __ | Date __ / __ |

1) 972 × 87	2) 640 × 46	3) 313 × 65	4) 868 × 85	5) 874 × 40
6) 206 × 18	7) 659 × 36	8) 125 × 70	9) 700 × 72	10) 670 × 96
11) 393 × 55	12) 306 × 44	13) 552 × 37	14) 321 × 37	15) 968 × 92
16) 457 × 58	17) 531 × 69	18) 184 × 64	19) 548 × 64	20) 583 × 73
21) 139 × 95	22) 373 × 54	23) 218 × 23	24) 515 × 29	25) 858 × 48
26) 307 × 36	27) 256 × 64	28) 531 × 56	29) 283 × 30	30) 651 × 79
31) 513 × 57	32) 425 × 40	33) 141 × 14	34) 634 × 37	35) 597 × 93

Page 49

Name ________________ Score __ / 35 Time __ : __ Date __ / __

1) 841 × 87

2) 562 × 14

3) 590 × 90

4) 530 × 87

5) 304 × 90

6) 395 × 17

7) 360 × 67

8) 235 × 80

9) 484 × 87

10) 746 × 33

11) 186 × 98

12) 992 × 67

13) 935 × 65

14) 620 × 65

15) 136 × 99

16) 113 × 61

17) 685 × 86

18) 522 × 82

19) 850 × 88

20) 610 × 11

21) 283 × 34

22) 505 × 82

23) 264 × 99

24) 423 × 86

25) 756 × 51

26) 347 × 31

27) 548 × 21

28) 475 × 55

29) 392 × 59

30) 642 × 65

31) 570 × 87

32) 787 × 89

33) 272 × 36

34) 262 × 90

35) 161 × 75

Level 7

Long Division

Dividing 3-digit numbers by 1-digit with no remainder

Name _____ Score ___/12 Time __:__ Date __/__

1) 9)423

2) 2)230

3) 4)272

4) 4)344

5) 5)955

6) 5)235

7) 2)422

8) 5)895

9) 3)183

10) 2)920

11) 3)213

12) 3)399

Page 52

Name _____ Score __/12 Time __:__ Date __/__

1) $5\overline{)115}$

2) $5\overline{)620}$

3) $4\overline{)676}$

4) $3\overline{)963}$

5) $2\overline{)452}$

6) $9\overline{)297}$

7) $2\overline{)358}$

8) $5\overline{)240}$

9) $7\overline{)406}$

10) $2\overline{)394}$

11) $4\overline{)952}$

12) $7\overline{)427}$

| Name _____ | Score __/12 | Time __:__ | Date __/__ |

1) 2)964

2) 2)132

3) 3)573

4) 7)574

5) 3)363

6) 2)972

7) 5)860

8) 3)951

9) 3)507

10) 3)423

11) 8)824

12) 4)616

Name _____ **Score** __/12 **Time** __:__ **Date** __/__

1) 3)327

2) 3)951

3) 7)721

4) 5)365

5) 5)890

6) 3)291

7) 2)362

8) 2)142

9) 2)358

10) 5)685

11) 3)687

12) 5)835

Name _____ Score ___/12 Time ___:___ Date ___/___

1) 4) 7 5 2

2) 5) 5 6 5

3) 8) 1 2 8

4) 5) 1 6 0

5) 2) 5 1 4

6) 6) 1 6 8

7) 7) 8 4 7

8) 9) 2 5 2

9) 5) 4 7 0

10) 2) 6 3 4

11) 3) 6 9 3

12) 5) 2 1 5

Name ____________ Score __/ 12 Time __:__ Date __/__

1) $2\overline{)4\ 0\ 2}$

2) $2\overline{)7\ 0\ 6}$

3) $2\overline{)7\ 3\ 6}$

4) $2\overline{)5\ 5\ 2}$

5) $3\overline{)2\ 4\ 9}$

6) $8\overline{)4\ 4\ 0}$

7) $5\overline{)6\ 3\ 5}$

8) $5\overline{)9\ 7\ 0}$

9) $6\overline{)5\ 3\ 4}$

10) $4\overline{)9\ 9\ 6}$

11) $2\overline{)3\ 9\ 2}$

12) $4\overline{)1\ 4\ 4}$

Level 8

Long Division

Dividing 3-digit numbers by 1-digit with remainder

Name _____ Score ___/12 Time ___:___ Date ___/___

1) $4\overline{)531}$ R

2) $4\overline{)550}$ R

3) $9\overline{)514}$ R

4) $4\overline{)105}$ R

5) $6\overline{)962}$ R

6) $7\overline{)276}$ R

7) $7\overline{)709}$ R

8) $8\overline{)560}$ R

9) $5\overline{)425}$ R

10) $2\overline{)205}$ R

11) $9\overline{)334}$ R

12) $5\overline{)863}$ R

Name _____ Score __/12 Time __:__ Date __/__

1) 9)934 R

2) 5)421 R

3) 6)596 R

4) 9)328 R

5) 2)811 R

6) 4)618 R

7) 7)621 R

8) 9)517 R

9) 5)960 R

10) 7)231 R

11) 8)682 R

12) 8)664 R

Name ____________ Score __/ 12 Time __:__ Date __/__

1) $7\overline{)843}$ R

2) $9\overline{)775}$ R

3) $7\overline{)879}$ R

4) $4\overline{)116}$ R

5) $2\overline{)752}$ R

6) $9\overline{)665}$ R

7) $6\overline{)445}$ R

8) $4\overline{)119}$ R

9) $7\overline{)511}$ R

10) $2\overline{)624}$ R

11) $6\overline{)489}$ R

12) $3\overline{)686}$ R

| Name | Score __/12 | Time __:__ | Date __/__ |

1) $3\overline{)976}$ R

2) $9\overline{)141}$ R

3) $5\overline{)367}$ R

4) $2\overline{)165}$ R

5) $4\overline{)900}$ R

6) $3\overline{)507}$ R

7) $7\overline{)364}$ R

8) $7\overline{)781}$ R

9) $4\overline{)677}$ R

10) $9\overline{)978}$ R

11) $6\overline{)793}$ R

12) $8\overline{)621}$ R

Name _____ Score __/12 Time __:__ Date __/__

1) 5)714 R

2) 7)230 R

3) 4)390 R

4) 8)175 R

5) 3)563 R

6) 6)155 R

7) 6)427 R

8) 3)122 R

9) 9)865 R

10) 4)113 R

11) 4)770 R

12) 2)140 R

Name _____ Score ___/12 Time __:__ Date __/__

1) 3) 5 1 1 R

2) 9) 8 3 5 R

3) 5) 9 8 9 R

4) 8) 1 5 8 R

5) 8) 4 5 1 R

6) 4) 1 7 1 R

7) 3) 7 5 4 R

8) 5) 4 4 6 R

9) 5) 8 6 8 R

10) 5) 4 2 9 R

11) 9) 7 5 2 R

12) 4) 6 5 5 R

Level 9

Fractions

Adding mixed numbers
with like denominators

Name ____________________ Score __ / 20 Time __ : __ Date __ / __

1) $2\frac{1}{6} + 1\frac{3}{6} =$

2) $1\frac{3}{14} + 1\frac{5}{14} =$

3) $1\frac{2}{7} + 1\frac{4}{7} =$

4) $3\frac{1}{7} + 2\frac{1}{7} =$

5) $2\frac{5}{7} + 2\frac{1}{7} =$

6) $1\frac{1}{13} + 1\frac{7}{13} =$

7) $1\frac{1}{12} + 2\frac{6}{12} =$

8) $1\frac{6}{15} + 1\frac{6}{15} =$

9) $2\frac{2}{14} + 1\frac{2}{14} =$

10) $1\frac{1}{9} + 1\frac{4}{9} =$

11) $1\frac{10}{14} + 1\frac{6}{14} =$

12) $2\frac{3}{9} + 2\frac{2}{9} =$

13) $2\frac{4}{9} + 2\frac{6}{9} =$

14) $1\frac{13}{15} + 1\frac{7}{15} =$

15) $1\frac{8}{9} + 2\frac{2}{9} =$

16) $2\frac{1}{7} + 4\frac{1}{7} =$

17) $1\frac{9}{11} + 1\frac{3}{11} =$

18) $2\frac{1}{13} + 1\frac{2}{13} =$

19) $2\frac{2}{10} + 2\frac{3}{10} =$

20) $1\frac{1}{11} + 2\frac{5}{11} =$

Name _____ Score ___/20 Time __:__ Date __/__

1) $1\frac{5}{13} + 1\frac{5}{13} =$

2) $2\frac{8}{10} + 1\frac{1}{10} =$

3) $2\frac{6}{8} + 3\frac{4}{8} =$

4) $1\frac{8}{12} + 2\frac{6}{12} =$

5) $1\frac{4}{15} + 1\frac{4}{15} =$

6) $1\frac{1}{11} + 1\frac{9}{11} =$

7) $3\frac{6}{7} + 3\frac{3}{7} =$

8) $2\frac{4}{13} + 1\frac{5}{13} =$

9) $1\frac{12}{14} + 1\frac{7}{14} =$

10) $1\frac{6}{12} + 1\frac{3}{12} =$

11) $1\frac{12}{13} + 1\frac{4}{13} =$

12) $2\frac{6}{9} + 1\frac{1}{9} =$

13) $1\frac{4}{8} + 1\frac{1}{8} =$

14) $2\frac{1}{13} + 1\frac{11}{13} =$

15) $3\frac{6}{7} + 3\frac{6}{7} =$

16) $2\frac{2}{9} + 1\frac{1}{9} =$

17) $1\frac{6}{7} + 1\frac{4}{7} =$

18) $1\frac{7}{10} + 1\frac{8}{10} =$

19) $2\frac{8}{10} + 1\frac{3}{10} =$

20) $2\frac{2}{10} + 2\frac{2}{10} =$

Name _____ Score ___/20 Time __:__ Date __/__

1) $1\frac{5}{9} + 3\frac{2}{9} =$

2) $2\frac{7}{10} + 2\frac{5}{10} =$

3) $5\frac{3}{5} + 3\frac{3}{5} =$

4) $1\frac{7}{8} + 2\frac{2}{8} =$

5) $1\frac{12}{14} + 1\frac{6}{14} =$

6) $4\frac{1}{7} + 3\frac{5}{7} =$

7) $1\frac{6}{11} + 2\frac{7}{11} =$

8) $3\frac{6}{8} + 1\frac{6}{8} =$

9) $1\frac{2}{14} + 1\frac{2}{14} =$

10) $1\frac{3}{10} + 2\frac{3}{10} =$

11) $2\frac{1}{13} + 1\frac{5}{13} =$

12) $1\frac{1}{15} + 1\frac{3}{15} =$

13) $2\frac{4}{9} + 1\frac{1}{9} =$

14) $1\frac{2}{9} + 3\frac{3}{9} =$

15) $1\frac{2}{13} + 1\frac{4}{13} =$

16) $1\frac{2}{10} + 1\frac{4}{10} =$

17) $1\frac{5}{12} + 1\frac{11}{12} =$

18) $1\frac{12}{14} + 1\frac{3}{14} =$

19) $1\frac{3}{11} + 2\frac{4}{11} =$

20) $1\frac{4}{13} + 1\frac{2}{13} =$

| Name _____ | Score __/20 | Time __:__ | Date __/__ |

1) $1\frac{6}{14} + 1\frac{6}{14} =$

2) $1\frac{7}{8} + 1\frac{6}{8} =$

3) $1\frac{2}{15} + 1\frac{8}{15} =$

4) $2\frac{4}{12} + 1\frac{3}{12} =$

5) $1\frac{2}{12} + 2\frac{6}{12} =$

6) $1\frac{3}{14} + 1\frac{4}{14} =$

7) $1\frac{7}{13} + 2\frac{3}{13} =$

8) $3\frac{2}{7} + 3\frac{4}{7} =$

9) $1\frac{5}{8} + 1\frac{2}{8} =$

10) $1\frac{9}{12} + 1\frac{10}{12} =$

11) $1\frac{4}{13} + 2\frac{1}{13} =$

12) $3\frac{4}{7} + 4\frac{2}{7} =$

13) $1\frac{10}{12} + 1\frac{6}{12} =$

14) $1\frac{6}{12} + 2\frac{1}{12} =$

15) $1\frac{14}{15} + 1\frac{11}{15} =$

16) $1\frac{5}{12} + 2\frac{3}{12} =$

17) $1\frac{4}{6} + 3\frac{3}{6} =$

18) $4\frac{1}{5} + 4\frac{1}{5} =$

19) $1\frac{5}{14} + 1\frac{11}{14} =$

20) $1\frac{2}{15} + 1\frac{6}{15} =$

Name _____ **Score** ___/20 **Time** ___:___ **Date** ___/___

1) $1\frac{2}{13} + 1\frac{6}{13} =$

2) $1\frac{7}{14} + 1\frac{8}{14} =$

3) $1\frac{10}{11} + 2\frac{3}{11} =$

4) $2\frac{7}{10} + 2\frac{2}{10} =$

5) $1\frac{12}{15} + 1\frac{11}{15} =$

6) $1\frac{8}{9} + 2\frac{6}{9} =$

7) $2\frac{8}{10} + 1\frac{4}{10} =$

8) $1\frac{5}{10} + 2\frac{6}{10} =$

9) $4\frac{3}{5} + 1\frac{4}{5} =$

10) $1\frac{7}{11} + 2\frac{7}{11} =$

11) $1\frac{7}{12} + 1\frac{1}{12} =$

12) $1\frac{3}{11} + 1\frac{1}{11} =$

13) $4\frac{2}{7} + 1\frac{2}{7} =$

14) $2\frac{3}{12} + 1\frac{7}{12} =$

15) $1\frac{2}{14} + 1\frac{10}{14} =$

16) $1\frac{11}{15} + 1\frac{10}{15} =$

17) $1\frac{5}{11} + 1\frac{9}{11} =$

18) $2\frac{1}{10} + 2\frac{6}{10} =$

19) $2\frac{7}{9} + 2\frac{6}{9} =$

20) $2\frac{4}{8} + 3\frac{6}{8} =$

Name _____ Score __/20 Time __:__ Date __/__

1) $1\frac{9}{11} + 2\frac{1}{11} =$

2) $1\frac{12}{13} + 1\frac{5}{13} =$

3) $3\frac{1}{7} + 3\frac{5}{7} =$

4) $1\frac{4}{15} + 1\frac{12}{15} =$

5) $2\frac{7}{9} + 2\frac{3}{9} =$

6) $1\frac{2}{12} + 1\frac{4}{12} =$

7) $1\frac{5}{11} + 1\frac{2}{11} =$

8) $1\frac{7}{15} + 1\frac{7}{15} =$

9) $1\frac{6}{11} + 2\frac{7}{11} =$

10) $2\frac{6}{10} + 1\frac{5}{10} =$

11) $2\frac{2}{12} + 1\frac{1}{12} =$

12) $2\frac{4}{7} + 2\frac{4}{7} =$

13) $1\frac{6}{13} + 1\frac{11}{13} =$

14) $1\frac{5}{14} + 1\frac{6}{14} =$

15) $1\frac{11}{14} + 1\frac{13}{14} =$

16) $1\frac{10}{11} + 1\frac{3}{11} =$

17) $1\frac{2}{7} + 3\frac{6}{7} =$

18) $1\frac{7}{12} + 2\frac{4}{12} =$

19) $3\frac{2}{7} + 4\frac{2}{7} =$

20) $1\frac{9}{12} + 1\frac{7}{12} =$

Page 71

Level 10

Fractions

Subtracting mixed numbers with like denominators

Name ____________ Score __/ 20 Time __:__ Date __/__

1) $4\frac{3}{6} - 3\frac{2}{6} =$

2) $1\frac{14}{15} - 1\frac{6}{15} =$

3) $2\frac{4}{7} - 1\frac{6}{7} =$

4) $3\frac{4}{6} - 2\frac{3}{6} =$

5) $2\frac{4}{12} - 1\frac{2}{12} =$

6) $2\frac{1}{12} - 1\frac{5}{12} =$

7) $2\frac{6}{9} - 1\frac{3}{9} =$

8) $3\frac{4}{8} - 1\frac{7}{8} =$

9) $2\frac{6}{12} - 2\frac{5}{12} =$

10) $1\frac{5}{9} - 1\frac{3}{9} =$

11) $4\frac{1}{7} - 3\frac{4}{7} =$

12) $2\frac{5}{10} - 2\frac{1}{10} =$

13) $2\frac{3}{10} - 1\frac{5}{10} =$

14) $2\frac{5}{11} - 2\frac{2}{11} =$

15) $3\frac{1}{7} - 1\frac{2}{7} =$

16) $2\frac{2}{14} - 2\frac{1}{14} =$

17) $3\frac{4}{8} - 1\frac{5}{8} =$

18) $2\frac{2}{5} - 1\frac{4}{5} =$

19) $2\frac{6}{8} - 2\frac{1}{8} =$

20) $4\frac{1}{5} - 3\frac{4}{5} =$

Name ________________ Score __ / 20 Time __ : __ Date __/__

1) $2\frac{1}{14} - 1\frac{12}{14} =$

2) $1\frac{9}{14} - 1\frac{8}{14} =$

3) $1\frac{10}{15} - 1\frac{7}{15} =$

4) $1\frac{8}{9} - 1\frac{7}{9} =$

5) $4\frac{4}{6} - 1\frac{1}{6} =$

6) $3\frac{2}{9} - 2\frac{7}{9} =$

7) $3\frac{4}{8} - 2\frac{3}{8} =$

8) $2\frac{3}{5} - 2\frac{2}{5} =$

9) $1\frac{7}{11} - 1\frac{3}{11} =$

10) $2\frac{3}{11} - 1\frac{7}{11} =$

11) $2\frac{8}{10} - 2\frac{6}{10} =$

12) $4\frac{2}{6} - 3\frac{5}{6} =$

13) $3\frac{1}{7} - 1\frac{6}{7} =$

14) $1\frac{8}{12} - 1\frac{1}{12} =$

15) $2\frac{8}{11} - 1\frac{6}{11} =$

16) $3\frac{2}{6} - 1\frac{4}{6} =$

17) $2\frac{4}{10} - 1\frac{8}{10} =$

18) $2\frac{2}{12} - 1\frac{3}{12} =$

19) $2\frac{5}{10} - 1\frac{2}{10} =$

20) $2\frac{1}{8} - 1\frac{5}{8} =$

| Name _____ | Score __ / 20 | Time __ : __ | Date __ / __ |

1) $1\frac{5}{15} - 1\frac{2}{15} =$

2) $3\frac{6}{7} - 3\frac{3}{7} =$

3) $1\frac{11}{14} - 1\frac{4}{14} =$

4) $3\frac{3}{8} - 2\frac{1}{8} =$

5) $3\frac{3}{9} - 2\frac{1}{9} =$

6) $2\frac{4}{12} - 1\frac{11}{12} =$

7) $4\frac{3}{6} - 2\frac{1}{6} =$

8) $1\frac{10}{12} - 1\frac{7}{12} =$

9) $1\frac{5}{13} - 1\frac{3}{13} =$

10) $2\frac{4}{8} - 1\frac{5}{8} =$

11) $3\frac{3}{8} - 1\frac{5}{8} =$

12) $3\frac{2}{9} - 1\frac{5}{9} =$

13) $1\frac{7}{13} - 1\frac{3}{13} =$

14) $1\frac{10}{12} - 1\frac{1}{12} =$

15) $2\frac{3}{13} - 1\frac{7}{13} =$

16) $3\frac{2}{8} - 2\frac{4}{8} =$

17) $2\frac{4}{7} - 1\frac{5}{7} =$

18) $5\frac{4}{5} - 1\frac{1}{5} =$

19) $2\frac{4}{12} - 2\frac{2}{12} =$

20) $2\frac{1}{13} - 1\frac{11}{13} =$

Name _____ **Score** ___ / 20 **Time** ___ : ___ **Date** ___ / ___

1) $2\frac{2}{12} - 1\frac{4}{12} =$

2) $1\frac{14}{15} - 1\frac{8}{15} =$

3) $2\frac{4}{10} - 2\frac{2}{10} =$

4) $1\frac{13}{15} - 1\frac{4}{15} =$

5) $2\frac{1}{13} - 1\frac{3}{13} =$

6) $3\frac{2}{9} - 1\frac{8}{9} =$

7) $1\frac{13}{15} - 1\frac{3}{15} =$

8) $2\frac{3}{7} - 1\frac{5}{7} =$

9) $4\frac{1}{5} - 1\frac{4}{5} =$

10) $1\frac{9}{11} - 1\frac{1}{11} =$

11) $3\frac{6}{8} - 2\frac{1}{8} =$

12) $1\frac{9}{14} - 1\frac{7}{14} =$

13) $2\frac{9}{10} - 1\frac{2}{10} =$

14) $5\frac{2}{5} - 3\frac{1}{5} =$

15) $1\frac{2}{11} - 1\frac{1}{11} =$

16) $4\frac{1}{7} - 1\frac{5}{7} =$

17) $1\frac{7}{12} - 1\frac{4}{12} =$

18) $4\frac{2}{6} - 1\frac{1}{6} =$

19) $1\frac{13}{14} - 1\frac{7}{14} =$

20) $2\frac{5}{10} - 1\frac{9}{10} =$

Name ____________________ Score ___/ 20 Time ___:___ Date ___/___

1) $2\frac{5}{11} - 1\frac{6}{11} =$

2) $4\frac{1}{5} - 2\frac{2}{5} =$

3) $3\frac{3}{7} - 1\frac{1}{7} =$

4) $1\frac{10}{11} - 1\frac{3}{11} =$

5) $2\frac{2}{14} - 1\frac{13}{14} =$

6) $2\frac{6}{12} - 2\frac{2}{12} =$

7) $3\frac{5}{6} - 1\frac{4}{6} =$

8) $2\frac{2}{14} - 1\frac{7}{14} =$

9) $2\frac{3}{13} - 1\frac{12}{13} =$

10) $1\frac{4}{12} - 1\frac{3}{12} =$

11) $2\frac{5}{9} - 1\frac{3}{9} =$

12) $1\frac{13}{14} - 1\frac{2}{14} =$

13) $3\frac{6}{8} - 3\frac{2}{8} =$

14) $3\frac{3}{5} - 1\frac{1}{5} =$

15) $3\frac{4}{7} - 1\frac{6}{7} =$

16) $1\frac{12}{15} - 1\frac{2}{15} =$

17) $3\frac{1}{7} - 1\frac{2}{7} =$

18) $1\frac{2}{12} - 1\frac{1}{12} =$

19) $2\frac{6}{7} - 1\frac{3}{7} =$

20) $1\frac{8}{9} - 1\frac{2}{9} =$

Name _____ Score ___/ 20 Time __:__ Date __/__

1) $1\frac{2}{8} - 1\frac{1}{8} =$

2) $1\frac{8}{11} - 1\frac{4}{11} =$

3) $2\frac{7}{10} - 2\frac{6}{10} =$

4) $2\frac{3}{13} - 1\frac{4}{13} =$

5) $2\frac{3}{11} - 1\frac{10}{11} =$

6) $2\frac{3}{11} - 1\frac{9}{11} =$

7) $2\frac{1}{13} - 1\frac{7}{13} =$

8) $3\frac{1}{6} - 1\frac{3}{6} =$

9) $2\frac{3}{12} - 1\frac{4}{12} =$

10) $1\frac{7}{9} - 1\frac{4}{9} =$

11) $1\frac{9}{10} - 1\frac{4}{10} =$

12) $1\frac{12}{14} - 1\frac{3}{14} =$

13) $1\frac{4}{13} - 1\frac{1}{13} =$

14) $2\frac{2}{9} - 1\frac{3}{9} =$

15) $2\frac{6}{9} - 2\frac{2}{9} =$

16) $1\frac{12}{14} - 1\frac{10}{14} =$

17) $2\frac{9}{10} - 2\frac{3}{10} =$

18) $1\frac{8}{14} - 1\frac{7}{14} =$

19) $3\frac{4}{8} - 2\frac{5}{8} =$

20) $4\frac{4}{5} - 1\frac{1}{5} =$

Level 11

Decimals

Adding 2-digit decimals in columns

| Name | Score __ / 40 | Time __ : __ | Date __ / __ |

1) 5.01 + 5.98

2) 6.53 + 5.73

3) 7.51 + 3.28

4) 3.23 + 3.09

5) 3.52 + 1.21

6) 2.30 + 2.91

7) 1.41 + 3.22

8) 5.54 + 2.47

9) 1.45 + 4.16

10) 1.29 + 1.28

11) 5.47 + 3.96

12) 4.18 + 4.48

13) 2.58 + 1.46

14) 8.97 + 1.61

15) 2.61 + 5.99

16) 7.43 + 1.01

17) 2.07 + 2.01

18) 1.66 + 5.48

19) 5.21 + 3.69

20) 6.45 + 5.02

21) 8.52 + 5.99

22) 3.62 + 1.31

23) 1.34 + 4.43

24) 3.50 + 5.31

25) 4.04 + 4.85

26) 4.40 + 1.40

27) 4.63 + 5.11

28) 8.88 + 4.62

29) 8.44 + 5.62

30) 7.12 + 3.87

31) 7.29 + 1.19

32) 3.69 + 5.72

33) 8.83 + 2.67

34) 5.86 + 4.00

35) 2.78 + 1.67

36) 2.20 + 5.99

37) 3.81 + 2.54

38) 2.81 + 3.31

39) 3.90 + 2.37

40) 8.56 + 1.95

| Name | Score ___/40 | Time __:__ | Date __/__ |

1) 2.77 + 4.19
2) 5.23 + 2.19
3) 3.88 + 5.62
4) 6.58 + 4.73
5) 1.74 + 4.92

6) 4.53 + 2.84
7) 8.71 + 4.66
8) 4.85 + 2.35
9) 6.10 + 2.62
10) 6.51 + 4.87

11) 8.05 + 1.61
12) 5.53 + 3.01
13) 6.56 + 1.37
14) 3.92 + 1.77
15) 8.12 + 3.21

16) 6.23 + 3.94
17) 4.36 + 2.74
18) 1.14 + 3.36
19) 5.71 + 3.34
20) 7.62 + 5.47

21) 4.14 + 1.87
22) 6.03 + 2.21
23) 1.20 + 2.75
24) 2.93 + 1.32
25) 5.86 + 4.93

26) 8.03 + 4.53
27) 6.42 + 4.73
28) 3.00 + 2.96
29) 4.85 + 5.57
30) 1.21 + 1.32

31) 8.81 + 1.56
32) 5.19 + 5.91
33) 3.30 + 5.61
34) 4.48 + 3.23
35) 8.42 + 1.90

36) 4.74 + 4.27
37) 4.19 + 3.80
38) 4.81 + 1.76
39) 2.05 + 5.12
40) 1.83 + 2.35

| Name | Score __/40 | Time __:__ | Date __/__ |

1) 6.13 + 5.79

2) 6.70 + 4.68

3) 1.43 + 5.72

4) 6.21 + 4.59

5) 6.48 + 5.65

6) 2.54 + 4.77

7) 6.04 + 2.74

8) 4.52 + 4.51

9) 3.01 + 2.05

10) 8.19 + 2.74

11) 7.69 + 5.39

12) 8.35 + 4.45

13) 2.03 + 2.63

14) 2.39 + 1.31

15) 5.99 + 1.68

16) 7.67 + 5.51

17) 6.87 + 1.06

18) 7.06 + 5.14

19) 6.71 + 4.46

20) 6.68 + 3.27

21) 7.02 + 3.97

22) 5.76 + 4.64

23) 4.57 + 2.58

24) 6.62 + 3.70

25) 6.34 + 3.04

26) 5.05 + 1.10

27) 6.10 + 1.50

28) 4.80 + 2.05

29) 8.52 + 5.40

30) 2.51 + 4.66

31) 6.55 + 5.19

32) 4.05 + 3.87

33) 4.12 + 5.09

34) 2.05 + 2.17

35) 6.09 + 2.07

36) 2.17 + 5.08

37) 8.66 + 3.40

38) 8.96 + 1.30

39) 3.21 + 3.11

40) 6.98 + 1.55

Name _____ Score __/40 Time __:__ Date __/__

1) 8.94 + 5.42

2) 2.61 + 1.94

3) 3.50 + 3.82

4) 8.85 + 1.98

5) 5.69 + 1.68

6) 7.33 + 1.03

7) 7.78 + 2.19

8) 7.42 + 2.50

9) 2.40 + 2.13

10) 2.35 + 1.16

11) 4.88 + 2.49

12) 2.35 + 3.77

13) 5.29 + 5.09

14) 5.72 + 3.33

15) 4.29 + 1.80

16) 7.63 + 1.60

17) 7.14 + 2.71

18) 6.97 + 3.74

19) 6.70 + 5.57

20) 5.23 + 3.97

21) 5.54 + 5.86

22) 4.31 + 2.31

23) 3.24 + 1.07

24) 1.82 + 1.09

25) 1.29 + 2.65

26) 5.59 + 4.84

27) 8.06 + 5.92

28) 6.63 + 3.23

29) 8.41 + 4.62

30) 3.01 + 5.57

31) 3.99 + 3.68

32) 4.82 + 4.30

33) 5.79 + 1.35

34) 8.28 + 4.36

35) 7.90 + 2.88

36) 2.47 + 2.58

37) 1.94 + 5.54

38) 8.76 + 3.87

39) 5.33 + 2.78

40) 3.09 + 2.91

Name _____ Score ___ / 40   Time ___ : ___   Date ___ / ___

1) 7.40 + 1.38
2) 6.11 + 3.03
3) 2.60 + 2.45
4) 6.76 + 2.61
5) 1.57 + 5.17

6) 4.54 + 3.96
7) 2.81 + 5.48
8) 7.80 + 3.88
9) 7.58 + 3.62
10) 7.68 + 5.58

11) 6.41 + 1.74
12) 7.63 + 3.33
13) 8.15 + 4.08
14) 1.03 + 5.25
15) 4.57 + 4.70

16) 4.55 + 2.49
17) 1.04 + 3.62
18) 4.14 + 4.94
19) 7.64 + 2.66
20) 3.93 + 3.65

21) 5.22 + 4.67
22) 3.48 + 5.67
23) 4.31 + 4.04
24) 7.43 + 4.71
25) 5.01 + 3.13

26) 1.37 + 4.49
27) 7.98 + 4.28
28) 8.04 + 4.62
29) 5.96 + 5.65
30) 3.56 + 1.50

31) 2.72 + 2.22
32) 4.28 + 2.44
33) 7.16 + 1.08
34) 6.42 + 1.95
35) 3.14 + 5.93

36) 4.05 + 2.62
37) 1.24 + 1.64
38) 1.46 + 4.24
39) 5.39 + 3.14
40) 5.28 + 1.34

Page 84

Name ____________ Score __ / 40 Time __:__ Date __/__

1) 8.02 + 4.33	2) 2.53 + 4.11	3) 4.34 + 2.99	4) 8.69 + 3.83	5) 8.88 + 4.51
6) 4.69 + 5.15	7) 5.62 + 5.87	8) 1.46 + 1.48	9) 4.68 + 4.13	10) 7.98 + 3.86
11) 2.13 + 3.74	12) 4.17 + 3.54	13) 1.91 + 3.33	14) 8.98 + 3.22	15) 4.64 + 2.41
16) 3.32 + 3.56	17) 5.34 + 2.41	18) 3.80 + 4.05	19) 7.49 + 1.10	20) 2.37 + 2.43
21) 4.79 + 3.13	22) 2.04 + 4.85	23) 4.00 + 1.47	24) 5.35 + 5.42	25) 2.79 + 3.71
26) 7.26 + 5.53	27) 3.82 + 1.02	28) 7.63 + 5.56	29) 8.95 + 1.85	30) 4.70 + 2.02
31) 1.41 + 3.09	32) 1.05 + 4.79	33) 4.39 + 2.48	34) 1.10 + 2.47	35) 5.33 + 1.61
36) 8.51 + 1.53	37) 8.01 + 3.12	38) 6.31 + 5.40	39) 3.15 + 1.48	40) 6.99 + 3.15

Level 12

Decimals

Subtracting 2-digit decimals in columns

Name _____ Score ___/40 Time __:__ Date __/__

1) 7.99 − 1.32
2) 7.44 − 4.23
3) 6.76 − 1.05
4) 8.03 − 5.77
5) 5.67 − 2.58

6) 7.78 − 2.17
7) 8.49 − 3.20
8) 7.87 − 4.21
9) 6.79 − 5.94
10) 7.27 − 2.89

11) 6.22 − 2.06
12) 3.16 − 1.66
13) 6.64 − 4.85
14) 6.20 − 1.24
15) 6.86 − 5.14

16) 5.46 − 2.04
17) 7.69 − 4.56
18) 5.89 − 5.01
19) 2.98 − 1.86
20) 3.68 − 2.49

21) 6.15 − 2.49
22) 5.76 − 3.76
23) 8.05 − 2.53
24) 4.49 − 1.90
25) 3.86 − 2.95

26) 7.91 − 2.03
27) 7.34 − 5.82
28) 5.69 − 5.63
29) 7.52 − 5.21
30) 3.90 − 3.00

31) 8.68 − 2.14
32) 6.99 − 1.55
33) 8.50 − 2.88
34) 7.67 − 2.48
35) 6.54 − 2.68

36) 8.26 − 1.62
37) 4.31 − 1.40
38) 6.35 − 5.14
39) 8.75 − 4.60
40) 2.52 − 1.54

| Name | Score __ / 40 | Time __ : __ | Date __ / __ |

1) 6.71 − 5.58

2) 5.11 − 4.70

3) 5.90 − 4.35

4) 6.70 − 1.70

5) 6.24 − 5.30

6) 6.58 − 3.72

7) 6.99 − 4.16

8) 5.19 − 1.08

9) 8.64 − 2.91

10) 4.00 − 2.73

11) 4.73 − 2.91

12) 4.35 − 2.62

13) 4.44 − 4.44

14) 7.32 − 2.43

15) 7.92 − 1.82

16) 6.70 − 1.30

17) 2.48 − 2.17

18) 7.10 − 4.89

19) 7.94 − 4.17

20) 4.80 − 2.10

21) 1.65 − 1.54

22) 5.26 − 5.21

23) 6.01 − 5.18

24) 3.68 − 1.27

25) 7.93 − 1.95

26) 6.24 − 5.26

27) 7.81 − 1.45

28) 7.27 − 4.97

29) 8.02 − 1.32

30) 4.65 − 4.53

31) 4.22 − 1.46

32) 2.07 − 2.01

33) 6.88 − 4.81

34) 6.23 − 5.41

35) 3.39 − 2.76

36) 8.88 − 3.15

37) 5.97 − 5.86

38) 7.42 − 3.32

39) 7.47 − 2.06

40) 6.88 − 4.21

Name ________________ Score __ / 40 Time __ : __ Date __ / __

1) 5.45 − 2.26

2) 5.29 − 4.78

3) 4.40 − 3.45

4) 6.21 − 3.62

5) 7.09 − 2.37

6) 6.94 − 5.67

7) 4.88 − 4.42

8) 8.45 − 3.82

9) 7.64 − 5.87

10) 6.27 − 3.99

11) 6.83 − 5.49

12) 4.76 − 1.37

13) 6.63 − 3.85

14) 3.90 − 3.00

15) 7.77 − 3.99

16) 8.06 − 1.59

17) 7.35 − 3.74

18) 4.76 − 4.54

19) 4.11 − 1.45

20) 5.77 − 3.68

21) 8.57 − 5.37

22) 3.96 − 2.22

23) 6.96 − 2.35

24) 6.11 − 5.87

25) 7.71 − 1.37

26) 5.95 − 5.71

27) 4.04 − 3.05

28) 7.87 − 3.19

29) 3.26 − 3.07

30) 6.65 − 2.19

31) 7.27 − 3.78

32) 4.36 − 3.41

33) 5.25 − 5.09

34) 1.28 − 1.14

35) 6.86 − 2.49

36) 5.47 − 5.19

37) 6.07 − 4.95

38) 7.57 − 3.77

39) 7.65 − 1.63

40) 7.91 − 5.54

Name ________________ Score ___ / 40 Time ___ : ___ Date ___ / ___

1) 4.45 − 3.73	2) 4.50 − 2.59	3) 8.20 − 3.27	4) 5.37 − 3.47	5) 7.45 − 3.55
6) 3.33 − 1.65	7) 4.91 − 3.56	8) 7.92 − 4.91	9) 7.94 − 3.70	10) 5.83 − 1.82
11) 7.47 − 2.48	12) 2.38 − 1.16	13) 7.16 − 3.69	14) 8.95 − 2.60	15) 5.64 − 4.78
16) 2.64 − 1.81	17) 2.39 − 2.32	18) 5.06 − 2.62	19) 5.86 − 4.41	20) 4.18 − 3.15
21) 3.81 − 3.65	22) 5.65 − 3.78	23) 6.55 − 3.26	24) 1.31 − 1.17	25) 6.54 − 2.65
26) 8.01 − 3.83	27) 7.41 − 1.24	28) 2.53 − 1.14	29) 7.96 − 3.40	30) 8.53 − 4.91
31) 4.04 − 3.71	32) 5.13 − 5.13	33) 6.83 − 1.21	34) 6.05 − 3.50	35) 2.17 − 1.23
36) 1.41 − 1.09	37) 7.82 − 2.27	38) 7.10 − 1.18	39) 7.67 − 3.67	40) 8.51 − 4.86

| Name | Score ___ / 40 | Time ___ : ___ | Date ___ / ___ |

1) 7.89 − 2.48

2) 7.18 − 4.50

3) 4.84 − 1.33

4) 6.47 − 4.44

5) 8.82 − 5.59

6) 6.90 − 1.58

7) 5.85 − 3.65

8) 7.31 − 3.78

9) 5.50 − 1.54

10) 4.10 − 3.48

11) 6.45 − 4.85

12) 7.79 − 1.16

13) 6.14 − 4.83

14) 3.86 − 2.34

15) 4.96 − 1.35

16) 6.17 − 3.68

17) 4.94 − 3.93

18) 7.46 − 3.70

19) 7.21 − 5.19

20) 8.56 − 2.37

21) 5.44 − 1.89

22) 8.87 − 4.25

23) 3.67 − 2.69

24) 8.51 − 3.35

25) 5.15 − 2.21

26) 7.92 − 5.90

27) 6.05 − 3.26

28) 4.17 − 1.85

29) 7.90 − 5.46

30) 2.88 − 1.63

31) 7.73 − 3.99

32) 7.63 − 5.02

33) 7.83 − 2.54

34) 8.45 − 4.73

35) 6.61 − 4.71

36) 8.42 − 1.99

37) 8.95 − 1.62

38) 1.43 − 1.32

39) 4.72 − 1.24

40) 7.70 − 1.92

| Name | Score ___ / 40 | Time __ : __ | Date __ / __ |

1) 1.84 − 1.03
2) 8.57 − 3.47
3) 8.22 − 4.34
4) 7.47 − 2.69
5) 4.12 − 3.32

6) 7.04 − 4.22
7) 5.83 − 1.63
8) 5.58 − 1.12
9) 7.09 − 4.37
10) 2.42 − 1.30

11) 8.54 − 2.82
12) 8.11 − 1.29
13) 5.93 − 5.14
14) 5.87 − 4.13
15) 6.76 − 2.41

16) 6.86 − 4.68
17) 6.43 − 1.51
18) 8.29 − 4.02
19) 4.80 − 4.42
20) 8.73 − 3.03

21) 6.96 − 1.44
22) 5.37 − 1.24
23) 4.84 − 3.10
24) 3.61 − 1.16
25) 8.44 − 4.45

26) 7.98 − 2.71
27) 5.44 − 1.04
28) 8.51 − 5.31
29) 4.76 − 2.60
30) 5.18 − 3.50

31) 8.70 − 4.00
32) 5.00 − 2.35
33) 6.10 − 4.75
34) 5.64 − 2.52
35) 1.58 − 1.40

36) 4.61 − 1.02
37) 7.14 − 4.33
38) 4.17 − 3.99
39) 6.77 − 4.73
40) 8.70 − 4.98

Page 92

Other math workbooks for your 4th grader...

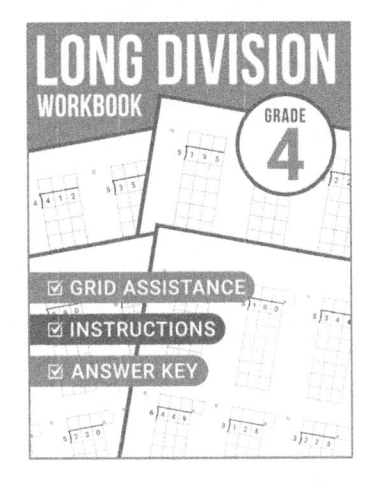

LONG DIVISION WORKBOOK — GRADE 4
- GRID ASSISTANCE
- INSTRUCTIONS
- ANSWER KEY

Scan the QR code below:

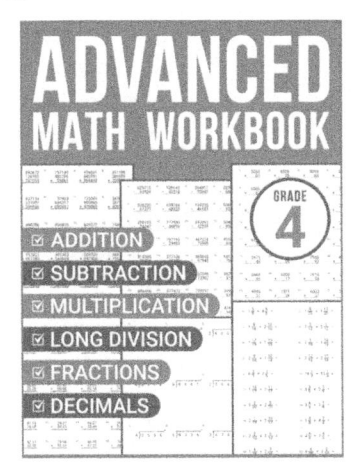

ADVANCED MATH WORKBOOK — GRADE 4
- ADDITION
- SUBTRACTION
- MULTIPLICATION
- LONG DIVISION
- FRACTIONS
- DECIMALS

Scan the QR code below:

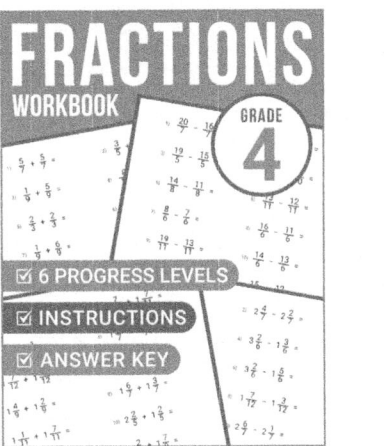

FRACTIONS WORKBOOK — GRADE 4
- 6 PROGRESS LEVELS
- INSTRUCTIONS
- ANSWER KEY

Scan the QR code below:

FRACTIONS AND DECIMALS — GRADE 4
- 12 PROGRESS LEVELS
- INSTRUCTIONS
- ANSWER KEY

Scan the QR code below:

www.Nermilio.com

Answer Key

Page 8, Item 1:
(1)1883 (2)1382 (3)3275 (4)1883 (5)2635
(6)2692 (7)2191 (8)3012 (9)3079 (10)1975
(11)2328 (12)2560 (13)2243 (14)2294
(15)1863 (16)1809 (17)2030 (18)1585
(19)3166 (20)2506 (21)1863 (22)2990
(23)2171 (24)2564 (25)2461 (26)1826
(27)1884 (28)3386 (29)1753 (30)1157

Page 9, Item 1:
(1)1773 (2)3475 (3)2493 (4)2322 (5)1541
(6)1993 (7)1530 (8)3051 (9)1925 (10)2580
(11)2486 (12)2444 (13)2333 (14)2737
(15)2276 (16)2271 (17)2523 (18)2758
(19)2668 (20)2909 (21)2665 (22)2878
(23)2706 (24)2422 (25)1835 (26)2884
(27)2448 (28)1896 (29)1851 (30)1726

Page 10, Item 1:
(1)1675 (2)1387 (3)1490 (4)3155 (5)1592
(6)2244 (7)2303 (8)1865 (9)2130 (10)2632
(11)1176 (12)2570 (13)2567 (14)2682
(15)2788 (16)2801 (17)2366 (18)2149
(19)2714 (20)2117 (21)1953 (22)1515
(23)1969 (24)2278 (25)1842 (26)1405
(27)2177 (28)2567 (29)2825 (30)1208

Page 11, Item 1:
(1)1921 (2)2028 (3)2043 (4)1950 (5)2659
(6)2007 (7)2139 (8)1966 (9)2130 (10)2781
(11)2751 (12)1552 (13)1599 (14)1449
(15)3313 (16)1861 (17)1775 (18)1715
(19)1946 (20)2221 (21)2443 (22)1760
(23)1756 (24)2928 (25)1549 (26)2585
(27)2238 (28)1977 (29)1474 (30)1868

Page 12, Item 1:
(1)1898 (2)2090 (3)2262 (4)2703 (5)1498
(6)2315 (7)2244 (8)1506 (9)3068 (10)1728
(11)1259 (12)2301 (13)2486 (14)2112
(15)2521 (16)2431 (17)2210 (18)2006
(19)2553 (20)3399 (21)1192 (22)1668
(23)2300 (24)2170 (25)2647 (26)2338
(27)2663 (28)2341 (29)1996 (30)2156

Page 13, Item 1:
(1)1569 (2)1920 (3)2304 (4)2755 (5)2154
(6)2781 (7)2940 (8)2050 (9)1212 (10)1633
(11)1693 (12)3454 (13)2721 (14)2554
(15)3030 (16)2167 (17)2751 (18)2025
(19)2415 (20)1422 (21)1788 (22)2764
(23)2137 (24)2121 (25)2939 (26)1359
(27)2841 (28)3034 (29)2357 (30)2548

Page 15, Item 1:
(1)13493 (2)8287 (3)22834 (4)21259
(5)21652 (6)15902 (7)17307 (8)18102
(9)23730 (10)15918 (11)22204 (12)10697
(13)14411 (14)19804 (15)9816 (16)15097
(17)20715 (18)14623 (19)14873 (20)15443
(21)20616 (22)15094 (23)9357 (24)17598
(25)20646 (26)13028 (27)13696 (28)18678
(29)16265 (30)18789

Page 16, Item 1:
(1)8357 (2)14717 (3)9454 (4)15501
(5)22929 (6)13617 (7)13864 (8)22243
(9)20001 (10)14489 (11)11890 (12)10149
(13)23103 (14)26954 (15)15406 (16)15723
(17)16118 (18)17672 (19)10903 (20)11653
(21)11040 (22)13991 (23)21002 (24)17486
(25)16911 (26)22505 (27)13930 (28)12330
(29)15872 (30)16367

Page 17, Item 1:
(1)18112 (2)15754 (3)26143 (4)19145
(5)17527 (6)15274 (7)22763 (8)21484
(9)17497 (10)17639 (11)24819 (12)20759
(13)19723 (14)10623 (15)26096 (16)15061

(17)19289 (18)11577 (19)15815 (20)15878
(21)8342 (22)21469 (23)21437 (24)16310
(25)23698 (26)13689 (27)6054 (28)18029
(29)18203 (30)24909

Page 18, Item 1:
(1)11863 (2)11812 (3)17624 (4)19514
(5)18089 (6)14213 (7)24401 (8)14429
(9)16095 (10)21428 (11)22826 (12)15245
(13)11325 (14)23606 (15)15131 (16)13125
(17)12949 (18)15998 (19)15608 (20)18931
(21)19271 (22)21734 (23)8623 (24)12434
(25)11364 (26)17698 (27)11981 (28)21403
(29)19886 (30)19117

Page 19, Item 1:
(1)17174 (2)22224 (3)18594 (4)17988
(5)16599 (6)17147 (7)19057 (8)14221
(9)14872 (10)15565 (11)12591 (12)6047
(13)12857 (14)23484 (15)13543 (16)15410
(17)8845 (18)17932 (19)26683 (20)11144
(21)17358 (22)14481 (23)9425 (24)9437
(25)16565 (26)19255 (27)12409 (28)14395
(29)21806 (30)12507

Page 20, Item 1:
(1)13300 (2)14333 (3)11371 (4)20153
(5)15956 (6)17339 (7)17931 (8)10908
(9)15117 (10)21823 (11)22168 (12)14245
(13)21736 (14)15036 (15)17083 (16)7352
(17)18559 (18)9010 (19)24262 (20)16731
(21)16771 (22)19965 (23)15473 (24)13493
(25)17248 (26)21350 (27)17372 (28)16701
(29)8947 (30)15609

Page 22, Item 1:
(1)3635 (2)5238 (3)7430 (4)990 (5)1291
(6)3151 (7)3141 (8)1875 (9)776 (10)3681
(11)4005 (12)694 (13)1843 (14)4448
(15)1661 (16)930 (17)1897 (18)5067
(19)1154 (20)150 (21)621 (22)3328
(23)1998 (24)3901 (25)5254 (26)6224
(27)4721 (28)2811 (29)4446 (30)464
(31)2210 (32)294 (33)1145 (34)346
(35)1871 (36)3838 (37)6686 (38)3665
(39)4021 (40)3987

Page 23, Item 1:
(1)3096 (2)1237 (3)2238 (4)2020 (5)2869
(6)6475 (7)566 (8)2841 (9)5165 (10)3431
(11)276 (12)124 (13)1686 (14)1166
(15)4509 (16)985 (17)5278 (18)8228
(19)1089 (20)6140 (21)2870 (22)6040
(23)4715 (24)1923 (25)6072 (26)1772
(27)3154 (28)708 (29)2353 (30)6102
(31)1373 (32)4878 (33)6874 (34)1628
(35)1590 (36)602 (37)3351 (38)1933
(39)4895 (40)5691

Page 24, Item 1:
(1)3350 (2)1830 (3)1770 (4)7452 (5)2328
(6)4128 (7)3134 (8)2461 (9)1595 (10)5243
(11)6831 (12)4928 (13)1250 (14)2671
(15)5952 (16)7877 (17)6635 (18)134
(19)3818 (20)1844 (21)1204 (22)565
(23)647 (24)534 (25)2813 (26)515 (27)4266
(28)4809 (29)3010 (30)4177 (31)5274
(32)2386 (33)2054 (34)6120 (35)2267
(36)145 (37)750 (38)2616 (39)4873
(40)5038

Page 25, Item 1:
(1)2350 (2)2748 (3)2319 (4)847 (5)694
(6)892 (7)5357 (8)2677 (9)1364 (10)4483
(11)2045 (12)445 (13)2155 (14)6681
(15)4409 (16)7800 (17)3375 (18)4689
(19)1858 (20)4435 (21)5986 (22)4278
(23)3663 (24)2063 (25)5522 (26)399

(27)417 (28)3253 (29)5597 (30)1401
(31)7818 (32)4054 (33)1671 (34)964
(35)4912 (36)1302 (37)2480 (38)1218
(39)905 (40)2270
Page 26, Item 1:
(1)4603 (2)2531 (3)4354 (4)2034 (5)6314
(6)3449 (7)3801 (8)3437 (9)2275 (10)3449
(11)4414 (12)1087 (13)2318 (14)1668
(15)5919 (16)611 (17)2501 (18)1770
(19)582 (20)992 (21)236 (22)6456 (23)1649
(24)6022 (25)41 (26)6363 (27)2892
(28)4423 (29)391 (30)1958 (31)1097
(32)1341 (33)654 (34)3485 (35)3750
(36)1037 (37)1981 (38)1630 (39)345
(40)658
Page 27, Item 1:
(1)2700 (2)2742 (3)5337 (4)1399 (5)4642
(6)2341 (7)925 (8)896 (9)2877 (10)2873
(11)5073 (12)3040 (13)4264 (14)6341
(15)3144 (16)5067 (17)8242 (18)2207
(19)3367 (20)3906 (21)4434 (22)581
(23)2053 (24)1288 (25)3029 (26)818
(27)2240 (28)503 (29)6578 (30)750
(31)4533 (32)4041 (33)6401 (34)8079
(35)1652 (36)3138 (37)2369 (38)7627
(39)1458 (40)5779
Page 29, Item 1:
(1)298504 (2)505568 (3)909702 (4)269487
(5)86086 (6)455026 (7)98978 (8)312869
(9)498212 (10)935495 (11)165698
(12)660991 (13)503294 (14)261259
(15)170163 (16)239895 (17)583513
(18)204544 (19)517214 (20)270117
(21)723351 (22)265044 (23)429921
(24)972711 (25)69781 (26)404510
(27)384092 (28)112224 (29)517890
(30)616953 (31)818117 (32)225900
Page 30, Item 1:
(1)644602 (2)556544 (3)545582 (4)252644
(5)834432 (6)669084 (7)124070 (8)562291

(9)69417 (10)139229 (11)741829
(12)879206 (13)330751 (14)154899
(15)306354 (16)659053 (17)715345
(18)333547 (19)374863 (20)574255
(21)842306 (22)848187 (23)903513
(24)415532 (25)226199 (26)209533
(27)632991 (28)850209 (29)135772
(30)47525 (31)257477 (32)555170
Page 31, Item 1:
(1)427262 (2)229622 (3)329040 (4)562422
(5)368778 (6)960166 (7)768241 (8)539117
(9)577993 (10)59832 (11)831560
(12)848713 (13)692408 (14)344026
(15)720978 (16)222841 (17)875696
(18)477824 (19)861532 (20)777809
(21)439916 (22)696744 (23)208444
(24)294371 (25)447081 (26)772850
(27)788938 (28)118567 (29)126250
(30)495659 (31)886913 (32)319594
Page 32, Item 1:
(1)143671 (2)313151 (3)578343 (4)537911
(5)355961 (6)695434 (7)366130 (8)240900
(9)532687 (10)154761 (11)976396
(12)836600 (13)164935 (14)379318
(15)651246 (16)286338 (17)84074
(18)92887 (19)588038 (20)780147
(21)27134 (22)469072 (23)467793
(24)786563 (25)335590 (26)720769
(27)278818 (28)718957 (29)398477
(30)524285 (31)740617 (32)471128
Page 33, Item 1:

(1)661484 (2)513902 (3)834445 (4)972824
(5)318085 (6)811889 (7)205983 (8)441022
(9)388464 (10)757468 (11)42439
(12)195918 (13)205642 (14)235639
(15)428168 (16)866678 (17)391506
(18)807927 (19)215511 (20)241729
(21)62681 (22)275989 (23)508916
(24)878384 (25)135299 (26)424642
(27)186217 (28)208107 (29)195521
(30)803551 (31)698905 (32)591881

Page 34, Item 1:
(1)621491 (2)348694 (3)177149 (4)518420
(5)764854 (6)557981 (7)108080 (8)284852
(9)257820 (10)720625 (11)856462
(12)338604 (13)321413 (14)922017
(15)557906 (16)933697 (17)709490
(18)523065 (19)661621 (20)341986
(21)339133 (22)782007 (23)572411
(24)505812 (25)599874 (26)294115
(27)736986 (28)516046 (29)793465
(30)94051 (31)944344 (32)318940

Page 36, Item 1:
(1)35091 (2)19554 (3)9712 (4)13551
(5)8728 (6)12204 (7)29752 (8)6654
(9)51135 (10)26502 (11)3116 (12)5326
(13)31028 (14)10992 (15)65947 (16)74408
(17)35410 (18)7402 (19)66483 (20)13872
(21)31290 (22)3106 (23)16795 (24)15782
(25)18351 (26)10680 (27)56637 (28)77076
(29)56496 (30)9682 (31)24240 (32)12132
(33)62384 (34)60144 (35)18412

Page 37, Item 1:
(1)43770 (2)21904 (3)42246 (4)7316
(5)63056 (6)15910 (7)52824 (8)35136
(9)23538 (10)46360 (11)10142 (12)20656
(13)43740 (14)27462 (15)26994 (16)20298
(17)28494 (18)7413 (19)49140 (20)12096
(21)53536 (22)25753 (23)8850 (24)31073
(25)33944 (26)45525 (27)29176 (28)18275
(29)13496 (30)16122 (31)30328 (32)29820
(33)18858 (34)28935 (35)34458

Page 38, Item 1:
(1)7341 (2)38718 (3)16030 (4)36008
(5)36345 (6)26190 (7)38616 (8)44316
(9)14732 (10)58944 (11)59152 (12)70992
(13)15344 (14)26037 (15)9222 (16)15765
(17)37570 (18)25974 (19)47292 (20)26635
(21)6600 (22)31908 (23)45270 (24)4690
(25)31524 (26)17307 (27)48888 (28)52318
(29)13240 (30)14958 (31)13216 (32)46647
(33)22884 (34)77912 (35)48177

Page 39, Item 1:
(1)5782 (2)24224 (3)22446 (4)25968
(5)20055 (6)4920 (7)10112 (8)15696
(9)23049 (10)57804 (11)41855 (12)7254
(13)53820 (14)52722 (15)53604 (16)42300
(17)32700 (18)21595 (19)82233 (20)34115
(21)18024 (22)13832 (23)77528 (24)32080
(25)43686 (26)36972 (27)31425 (28)29664
(29)30996 (30)12964 (31)14706 (32)26220
(33)40815 (34)60849 (35)32320

Page 40, Item 1:
(1)38808 (2)10940 (3)31012 (4)31158
(5)61425 (6)32049 (7)14264 (8)56772
(9)56106 (10)39858 (11)16086 (12)16184
(13)56094 (14)28007 (15)18410 (16)4516
(17)28273 (18)7946 (19)9747 (20)20559
(21)41616 (22)16120 (23)14001 (24)27552
(25)21145 (26)72560 (27)45720 (28)34405
(29)18708 (30)13130 (31)10446 (32)8751
(33)14487 (34)10764 (35)26619

Page 41, Item 1:

(1)26982 (2)22293 (3)5336 (4)14612
(5)60399 (6)38216 (7)46075 (8)11936
(9)37236 (10)29043 (11)39852 (12)85437
(13)52566 (14)23028 (15)7936 (16)24136
(17)21708 (18)21720 (19)5382 (20)5592
(21)14600 (22)41890 (23)32221 (24)11529
(25)5690 (26)27903 (27)33732 (28)8366
(29)54156 (30)64200 (31)69072 (32)16460
(33)18171 (34)30312 (35)8310

Page 42, Item 1:
(1)36104 (2)40338 (3)65696 (4)9919
(5)22776 (6)26824 (7)26768 (8)8958
(9)32816 (10)7330 (11)8572 (12)37330
(13)53384 (14)30084 (15)28326 (16)11081
(17)68733 (18)21024 (19)59910 (20)26035
(21)62573 (22)21114 (23)69588 (24)6456
(25)25614 (26)33378 (27)74752 (28)13755
(29)18458 (30)16515 (31)7550 (32)10728
(33)38125 (34)12064 (35)16866

Page 44, Item 1:
(1)61101 (2)46560 (3)12750 (4)9504
(5)67027 (6)19084 (7)3045 (8)6888
(9)18970 (10)6478 (11)57716 (12)52570
(13)11808 (14)55370 (15)15170 (16)39329
(17)26208 (18)25840 (19)41157 (20)18205
(21)30879 (22)11466 (23)22560 (24)3750
(25)61831 (26)10092 (27)12558 (28)88032
(29)32447 (30)55519 (31)43575 (32)18278
(33)29600 (34)23177 (35)76674

Page 45, Item 1:
(1)6396 (2)44290 (3)34445 (4)8016
(5)26880 (6)18872 (7)6630 (8)54284
(9)67022 (10)28424 (11)14880 (12)6720
(13)47396 (14)17756 (15)65590 (16)66627
(17)10854 (18)78473 (19)23628 (20)29222
(21)51085 (22)25092 (23)73132 (24)11368
(25)39270 (26)84420 (27)49005 (28)15980
(29)27072 (30)35511 (31)16740 (32)6396
(33)89100 (34)7289 (35)35092

Page 46, Item 1:
(1)54145 (2)17600 (3)54405 (4)63240
(5)66605 (6)51128 (7)13720 (8)41602
(9)10560 (10)57348 (11)11740 (12)10854
(13)9271 (14)17214 (15)51615 (16)73766
(17)5676 (18)4896 (19)11600 (20)3630
(21)11528 (22)12629 (23)10664 (24)19616
(25)15522 (26)60336 (27)60248 (28)25888
(29)3888 (30)9685 (31)10813 (32)46050
(33)61416 (34)10480 (35)26580

Page 47, Item 1:
(1)16146 (2)28635 (3)28800 (4)37448
(5)57850 (6)37521 (7)56846 (8)7801
(9)25428 (10)51660 (11)56715 (12)32994
(13)39198 (14)1300 (15)44727 (16)25358
(17)4032 (18)26754 (19)2318 (20)6496
(21)29718 (22)15281 (23)13546 (24)18408
(25)11544 (26)32242 (27)27939 (28)9386
(29)33746 (30)38808 (31)36450 (32)9944
(33)63365 (34)3531 (35)19200

Page 48, Item 1:
(1)55880 (2)11256 (3)9018 (4)35070
(5)7328 (6)30794 (7)18095 (8)82572
(9)38988 (10)11450 (11)38897 (12)3332
(13)42480 (14)44884 (15)21420 (16)23660
(17)21428 (18)49011 (19)1360 (20)11970
(21)12474 (22)17336 (23)19886 (24)24822
(25)13833 (26)19470 (27)37743 (28)7077
(29)18501 (30)25208 (31)18627 (32)50058
(33)13296 (34)35204 (35)32760

Page 49, Item 1:
(1)84564 (2)29440 (3)20345 (4)73780
(5)34960 (6)3708 (7)23724 (8)8750

(9)50400 (10)64320 (11)21615 (12)13464
(13)20424 (14)11877 (15)89056 (16)26506
(17)36639 (18)11776 (19)35072 (20)42559
(21)13205 (22)20142 (23)5014 (24)14935
(25)41184 (26)11052 (27)16384 (28)29736
(29)8490 (30)51429 (31)29241 (32)17000
(33)1974 (34)23458 (35)55521

Page 50, Item 1:

(1)73167 (2)7868 (3)53100 (4)46110
(5)27360 (6)6715 (7)24120 (8)18800
(9)42108 (10)24618 (11)18228 (12)66464
(13)60775 (14)40300 (15)13464 (16)6893
(17)58910 (18)42804 (19)74800 (20)6710
(21)9622 (22)41410 (23)26136 (24)36378
(25)38556 (26)10757 (27)11508 (28)26125
(29)23128 (30)41730 (31)49590 (32)70043
(33)9792 (34)23580 (35)12075

Page 52, Item 1:

(1)
```
      4 7
   ______
9 ) 4 2 3
  - 3 6
    ---
      6 3
    - 6 3
      ---
        0
```
(2)
```
    1 1 5
   ______
2 ) 2 3 0
  - 2
    -
    0 3
  -   2
    ---
      1 0
    - 1 0
      ---
        0
```
(3)
```
      6 8
   ______
4 ) 2 7 2
  - 2 4
    ---
      3 2
    - 3 2
      ---
        0
```
(4)
```
      8 6
   ______
4 ) 3 4 4
  - 3 2
    ---
      2 4
    - 2 4
      ---
        0
```
(5)
```
    1 9 1
   ______
5 ) 9 5 5
  - 5
    -
    4 5
  - 4 5
    ---
      0 5
    -   5
      ---
        0
```
(6)
```
      4 7
   ______
5 ) 2 3 5
  - 2 0
    ---
      3 5
    - 3 5
      ---
        0
```
(7)
```
    2 1 1
   ______
2 ) 4 2 2
  - 4
    -
    0 2
  -   2
    ---
      0 2
    -   2
      ---
        0
```
(8)
```
    1 7 9
   ______
5 ) 8 9 5
  - 5
    -
    3 9
  - 3 5
    ---
      4 5
    - 4 5
      ---
        0
```
(9)
```
      6 1
   ______
3 ) 1 8 3
  - 1 8
    ---
      0 3
    -   3
      ---
        0
```
(10)
```
    4 6 0
   ______
2 ) 9 2 0
  - 8
    -
    1 2
  - 1 2
    ---
      0 0
    -   0
      ---
        0
```
(11)
```
      7 1
   ______
3 ) 2 1 3
  - 2 1
    ---
      0 3
    -   3
      ---
        0
```
(12)
```
    1 3 3
   ______
3 ) 3 9 9
  - 3
    -
    0 9
  -   9
    ---
      0 9
    -   9
      ---
        0
```

Page 53, Item 1:

(1)
```
      2 3
   ______
5 ) 1 1 5
  - 1 0
    ---
      1 5
    - 1 5
      ---
        0
```
(2)
```
    1 2 4
   ______
5 ) 6 2 0
  - 5
    -
    1 2
  - 1 0
    ---
      2 0
    - 2 0
      ---
        0
```
(3)
```
    1 6 9
   ______
4 ) 6 7 6
  - 4
    -
    2 7
  - 2 4
    ---
      3 6
    - 3 6
      ---
        0
```
(4)
```
    3 2 1
   ______
3 ) 9 6 3
  - 9
    -
    0 6
  -   6
    ---
      0 3
    -   3
      ---
        0
```
(5)
```
    2 2 6
   ______
2 ) 4 5 2
  - 4
    -
    0 5
  -   4
    ---
      1 2
    - 1 2
      ---
        0
```
(6)
```
      3 3
   ______
9 ) 2 9 7
  - 2 7
    ---
      2 7
    - 2 7
      ---
        0
```

(7)
```
      179
   2)358
    -2
     15
    -14
     18
    -18
      0
```

(8)
```
       48
   5)240
    -20
      40
     -40
       0
```

(9)
```
       58
   7)406
    -35
      56
     -56
       0
```

(1)
```
      109
   3)327
    -3
     02
    - 0
      27
    -27
      0
```

(2)
```
      317
   3)951
    -9
     05
    - 3
      21
    -21
      0
```

(3)
```
      103
   7)721
    -7
     02
    - 0
      21
    -21
      0
```

(10)
```
      197
   2)394
    -2
     19
    -18
      14
    -14
      0
```

(11)
```
      238
   4)952
    -8
     15
    -12
      32
    -32
      0
```

(12)
```
       61
   7)427
    -42
      07
    -  7
       0
```

(4)
```
       73
   5)365
    -35
     15
    -15
      0
```

(5)
```
      178
   5)890
    -5
     39
    -35
      40
    -40
      0
```

(6)
```
       97
   3)291
    -27
     21
    -21
      0
```

Page 54, Item 1:

(1)
```
      482
   2)964
    -8
     16
    -16
      04
    - 4
      0
```

(2)
```
       66
   2)132
    -12
     12
    -12
      0
```

(3)
```
      191
   3)573
    -3
     27
    -27
      03
    - 3
      0
```

(4)
```
       82
   7)574
    -56
     14
    -14
      0
```

(5)
```
      121
   3)363
    -3
     06
    - 6
      03
    - 3
      0
```

(6)
```
      486
   2)972
    -8
     17
    -16
      12
    -12
      0
```

(7)
```
      172
   5)860
    -5
     36
    -35
      10
    -10
      0
```

(8)
```
      317
   3)951
    -9
     05
    - 3
      21
    -21
      0
```

(9)
```
      169
   3)507
    -3
     20
    -18
      27
    -27
      0
```

(10)
```
      141
   3)423
    -3
     12
    -12
      03
    - 3
      0
```

(11)
```
      103
   8)824
    -8
     02
    - 0
      24
    -24
      0
```

(12)
```
      154
   4)616
    -4
     21
    -20
      16
    -16
      0
```

Page 55, Item 1:

Page 101

(7)
```
    1 8 1
2 ) 3 6 2
  - 2
    1 6
  - 1 6
      0 2
    -   2
        0
```

(8)
```
      7 1
2 ) 1 4 2
  - 1 4
      0 2
    -   2
        0
```

(9)
```
    1 7 9
2 ) 3 5 8
  - 2
    1 5
  - 1 4
      1 8
    - 1 8
        0
```

(10)
```
    1 3 7
5 ) 6 8 5
  - 5
    1 8
  - 1 5
      3 5
    - 3 5
        0
```

(11)
```
    2 2 9
3 ) 6 8 7
  - 6
    0 8
  -   6
      2 7
    - 2 7
        0
```

(12)
```
    1 6 7
5 ) 8 3 5
  - 5
    3 3
  - 3 0
      3 5
    - 3 5
        0
```

(1)
```
    2 0 1
2 ) 4 0 2
  - 4
    0 0
  -   0
      0 2
    -   2
        0
```

(2)
```
    3 5 3
2 ) 7 0 6
  - 6
    1 0
  - 1 0
      0 6
    -   6
        0
```

(3)
```
    3 6 8
2 ) 7 3 6
  - 6
    1 3
  - 1 2
      1 6
    - 1 6
        0
```

(4)
```
    2 7 6
2 ) 5 5 2
  - 4
    1 5
  - 1 4
      1 2
    - 1 2
        0
```

(5)
```
      8 3
3 ) 2 4 9
  - 2 4
      0 9
    -   9
        0
```

(6)
```
      5 5
8 ) 4 4 0
  - 4 0
      4 0
    - 4 0
        0
```

Page 56, Item 1:

(1)
```
    1 8 8
4 ) 7 5 2
  - 4
    3 5
  - 3 2
      3 2
    - 3 2
        0
```

(2)
```
    1 1 3
5 ) 5 6 5
  - 5
    0 6
  -   5
      1 5
    - 1 5
        0
```

(3)
```
      1 6
8 ) 1 2 8
  -   8
      4 8
    - 4 8
        0
```

(4)
```
      3 2
5 ) 1 6 0
  - 1 5
      1 0
    - 1 0
        0
```

(5)
```
    2 5 7
2 ) 5 1 4
  - 4
    1 1
  - 1 0
      1 4
    - 1 4
        0
```

(6)
```
      2 8
6 ) 1 6 8
  - 1 2
      4 8
    - 4 8
        0
```

(7)
```
    1 2 1
7 ) 8 4 7
  - 7
    1 4
  - 1 4
      0 7
    -   7
        0
```

(8)
```
      2 8
9 ) 2 5 2
  - 1 8
      7 2
    - 7 2
        0
```

(9)
```
      9 4
5 ) 4 7 0
  - 4 5
      2 0
    - 2 0
        0
```

(10)
```
    3 1 7
2 ) 6 3 4
  - 6
    0 3
  -   2
      1 4
    - 1 4
        0
```

(11)
```
    2 3 1
3 ) 6 9 3
  - 6
    0 9
  -   9
      0 3
    -   3
        0
```

(12)
```
      4 3
5 ) 2 1 5
  - 2 0
      1 5
    - 1 5
        0
```

Page 57, Item 1:

(7)
```
    1 2 7
5 ) 6 3 5
  - 5
    1 3
  - 1 0
      3 5
    - 3 5
        0
```

(8)
```
    1 9 4
5 ) 9 7 0
  - 5
    4 7
  - 4 5
      2 0
    - 2 0
        0
```

(9)
```
      8 9
6 ) 5 3 4
  - 4 8
      5 4
    - 5 4
        0
```

(10)
```
    2 4 9
4 ) 9 9 6
  - 8
    1 9
  - 1 6
      3 6
    - 3 6
        0
```

(11)
```
    1 9 6
2 ) 3 9 2
  - 2
    1 9
  - 1 8
      1 2
    - 1 2
        0
```

(12)
```
      3 6
4 ) 1 4 4
  - 1 2
      2 4
    - 2 4
        0
```

(9)
```
      8 5 R0
5 ) 4 2 5
  - 4 0
      2 5
    - 2 5
        0
```

(10)
```
    1 0 2 R1
2 ) 2 0 5
  - 2
    0 0
  -   0
      0 5
    -   4
        1
```

(11)
```
      3 7 R1
9 ) 3 3 4
  - 2 7
      6 4
    - 6 3
        1
```

(12)
```
    1 7 2 R3
5 ) 8 6 3
  - 5
    3 6
  - 3 5
      1 3
    - 1 0
        3
```

Page 59, Item 1:

(1)
```
    1 3 2 R3
4 ) 5 3 1
  - 4
    1 3
  - 1 2
      1 1
    -   8
        3
```

(2)
```
    1 3 7 R2
4 ) 5 5 0
  - 4
    1 5
  - 1 2
      3 0
    - 2 8
        2
```

(3)
```
      5 7 R1
9 ) 5 1 4
  - 4 5
      6 4
    - 6 3
        1
```

(4)
```
      2 6 R1
4 ) 1 0 5
  -   8
      2 5
    - 2 4
        1
```

(5)
```
    1 6 0 R2
6 ) 9 6 2
  - 6
    3 6
  - 3 6
      0 2
    -   0
        2
```

(6)
```
      3 9 R3
7 ) 2 7 6
  - 2 1
      6 6
    - 6 3
        3
```

(7)
```
    1 0 1 R2
7 ) 7 0 9
  - 7
    0 0
  -   0
      0 9
    -   7
        2
```

(8)
```
      7 0 R0
8 ) 5 6 0
  - 5 6
      0 0
    -   0
        0
```

Page 60, Item 1:

(1)
```
    1 0 3 R7
9 ) 9 3 4
  - 9
    0 3
  -   0
      3 4
    - 2 7
        7
```

(2)
```
      8 4 R1
5 ) 4 2 1
  - 4 0
      2 1
    - 2 0
        1
```

(3)
```
      9 9 R2
6 ) 5 9 6
  - 5 4
      5 6
    - 5 4
        2
```

(4)
```
      3 6 R4
9 ) 3 2 8
  - 2 7
      5 8
    - 5 4
        4
```

(5)
```
    4 0 5 R1
2 ) 8 1 1
  - 8
    0 1
  -   0
      1 1
    - 1 0
        1
```

(6)
```
    1 5 4 R2
4 ) 6 1 8
  - 4
    2 1
  - 2 0
      1 8
    - 1 6
        2
```

(7)
```
      8 8 R5
7 ) 6 2 1
  - 5 6
      6 1
    - 5 6
        5
```

(8)
```
      5 7 R4
9 ) 5 1 7
  - 4 5
      6 7
    - 6 3
        4
```

(10)
```
    3 3 R0
  ┌─────
7 │ 2 3 1
  - 2 1
    ───
      2 1
    - 2 1
      ───
        0
```

(11)
```
    8 5 R2
  ┌─────
8 │ 6 8 2
  - 6 4
    ───
      4 2
    - 4 0
      ───
        2
```

(12)
```
    8 3 R0
  ┌─────
8 │ 6 6 4
  - 6 4
    ───
      2 4
    - 2 4
      ───
        0
```

(9)
```
    7 3 R0
  ┌─────
7 │ 5 1 1
  - 4 9
    ───
      2 1
    - 2 1
      ───
        0
```

(10)
```
    3 1 2 R0
  ┌───────
2 │ 6 2 4
  - 6
    ───
      0 2
    - 2
      ───
        0 4
      - 4
        ───
          0
```

(11)
```
    8 1 R3
  ┌─────
6 │ 4 8 9
  - 4 8
    ───
      0 9
    - 6
      ───
        3
```

(12)
```
    2 2 8 R2
  ┌───────
3 │ 6 8 6
  - 6
    ───
      0 8
    - 6
      ───
        2 6
      - 2 4
        ───
          2
```

Page 61, Item 1:

(1)
```
    1 2 0 R3
  ┌───────
7 │ 8 4 3
  - 7
    ───
      1 4
    - 1 4
      ───
        0 3
      - 0
        ───
          3
```

(2)
```
    8 6 R1
  ┌─────
9 │ 7 7 5
  - 7 2
    ───
      5 5
    - 5 4
      ───
        1
```

(3)
```
    1 2 5 R4
  ┌───────
7 │ 8 7 9
  - 7
    ───
      1 7
    - 1 4
      ───
        3 9
      - 3 5
        ───
          4
```

(4)
```
    2 9 R0
  ┌─────
4 │ 1 1 6
  - 8
    ───
      3 6
    - 3 6
      ───
        0
```

(5)
```
    3 7 6 R0
  ┌───────
2 │ 7 5 2
  - 6
    ───
      1 5
    - 1 4
      ───
        1 2
      - 1 2
        ───
          0
```

(6)
```
    7 3 R8
  ┌─────
9 │ 6 6 5
  - 6 3
    ───
      3 5
    - 2 7
      ───
        8
```

(7)
```
    7 4 R1
  ┌─────
6 │ 4 4 5
  - 4 2
    ───
      2 5
    - 2 4
      ───
        1
```

(8)
```
    2 9 R3
  ┌─────
4 │ 1 1 9
  - 8
    ───
      3 9
    - 3 6
      ───
        3
```

Page 62, Item 1:

(1)
```
    3 2 5 R1
  ┌───────
3 │ 9 7 6
  - 9
    ───
      0 7
    - 6
      ───
        1 6
      - 1 5
        ───
          1
```

(2)
```
    1 5 R6
  ┌─────
9 │ 1 4 1
  - 9
    ───
      5 1
    - 4 5
      ───
        6
```

(3)
```
    7 3 R2
  ┌─────
5 │ 3 6 7
  - 3 5
    ───
      1 7
    - 1 5
      ───
        2
```

(4)
```
    8 2 R1
  ┌─────
2 │ 1 6 5
  - 1 6
    ───
      0 5
    - 4
      ───
        1
```

(5)
```
    2 2 5 R0
  ┌───────
4 │ 9 0 0
  - 8
    ───
      1 0
    - 8
      ───
        2 0
      - 2 0
        ───
          0
```

(6)
```
    1 6 9 R0
  ┌───────
3 │ 5 0 7
  - 3
    ───
      2 0
    - 1 8
      ───
        2 7
      - 2 7
        ───
          0
```

(7)
```
    5 2 R0
  ┌─────
7 │ 3 6 4
  - 3 5
    ───
      1 4
    - 1 4
      ───
        0
```

(8)
```
    1 1 1 R4
  ┌───────
7 │ 7 8 1
  - 7
    ───
      0 8
    - 7
      ───
        1 1
      - 7
        ───
          4
```

(10)
```
      1 0 8 R6
    9)9 7 8
    - 9
      0 7
    -   0
        7 8
    -   7 2
            6
```

(11)
```
      1 3 2 R1
    6)7 9 3
    - 6
      1 9
    - 1 8
        1 3
    -   1 2
            1
```

(12)
```
        7 7 R5
    8)6 2 1
    - 5 6
        6 1
    -   5 6
            5
```

Page 63, Item 1:

(1)
```
      1 4 2 R4
    5)7 1 4
    - 5
      2 1
    - 2 0
        1 4
```

(2)
```
        3 2 R6
    7)2 3 0
    - 2 1
        2 0
    -   1 4
            6
```

(3)
```
        9 7 R2
    4)3 9 0
    - 3 6
        3 0
    -   2 8
            2
```

(4)
```
        2 1 R7
    8)1 7 5
    - 1 6
        1 5
    -     8
            7
```

(5)
```
      1 8 7 R2
    3)5 6 3
    - 3
      2 6
    - 2 4
        2 3
```

(6)
```
        2 5 R5
    6)1 5 5
    - 1 2
        3 5
    -   3 0
            5
```

(7)
```
        7 1 R1
    6)4 2 7
    - 4 2
        0 7
    -     6
            1
```

(8)
```
        4 0 R2
    3)1 2 2
    - 1 2
        0 2
    -     0
            2
```

(9)
```
        9 6 R1
    9)8 6 5
    - 8 1
        5 5
    -   5 4
            1
```

(10)
```
        2 8 R1
    4)1 1 3
    -   8
        3 3
    -   3 2
            1
```

(11)
```
      1 9 2 R2
    4)7 7 0
    - 4
      3 7
    - 3 6
        1 0
```

(12)
```
        7 0 R0
    2)1 4 0
    - 1 4
        0 0
    -     0
            0
```

Page 64, Item 1:

(1)
```
      1 7 0 R1
    3)5 1 1
    - 3
      2 1
    - 2 1
        0 1
    -     0
            1
```

(2)
```
        9 2 R7
    9)8 3 5
    - 8 1
        2 5
    -   1 8
            7
```

(3)
```
      1 9 7 R4
    5)9 8 9
    - 5
      4 8
    - 4 5
        3 9
    -   3 5
            4
```

(4)
```
        1 9 R6
    8)1 5 8
    -   8
        7 8
    -   7 2
            6
```

(5)
```
        5 6 R3
    8)4 5 1
    - 4 0
        5 1
    -   4 8
            3
```

(6)
```
        4 2 R3
    4)1 7 1
    - 1 6
        1 1
    -     8
            3
```

(7)
```
      2 5 1 R1
    3)7 5 4
    - 6
      1 5
    - 1 5
        0 4
    -     3
            1
```

(8)
```
        8 9 R1
    5)4 4 6
    - 4 0
        4 6
    -   4 5
            1
```

(9)
```
      1 7 3 R3
    5)8 6 8
    - 5
      3 6
    - 3 5
        1 8
    -   1 5
            3
```

(10)
```
      8 5 R 4
   ┌────────
 5 │ 4 2 9
   - 4 0
     ─────
       2 9
     - 2 5
       ───
         4
```

(11)
```
      8 3 R 5
   ┌────────
 9 │ 7 5 2
   - 7 2
     ─────
       3 2
     - 2 7
       ───
         5
```

(12)
```
      1 6 3 R 3
   ┌──────────
 4 │ 6 5 5
   - 4
     ───
     2 5
   - 2 4
     ───
       1 5
     - 1 2
       ───
         3
```

Page 66, Item 1:
(1)3 4/6 (2)2 8/14 (3)2 6/7 (4)5 2/7 (5)4 6/7
(6)2 8/13 (7)3 7/12 (8)2 12/15 (9)3 4/14
(10)2 5/9 (11)3 2/14 (12)4 5/9 (13)5 1/9
(14)3 5/15 (15)4 1/9 (16)6 2/7 (17)3 1/11
(18)3 3/13 (19)4 5/10 (20)3 6/11

Page 67, Item 1:
(1)2 10/13 (2)3 9/10 (3)6 2/8 (4)4 2/12
(5)2 8/15 (6)2 10/11 (7)7 2/7 (8)3 9/13
(9)3 5/14 (10)2 9/12 (11)3 3/13 (12)3 7/9
(13)2 5/8 (14)3 12/13 (15)7 5/7 (16)3 3/9
(17)3 3/7 (18)3 5/10 (19)4 1/10 (20)4 4/10

Page 68, Item 1:
(1)4 7/9 (2)5 2/10 (3)9 1/5 (4)4 1/8
(5)3 4/14 (6)7 6/7 (7)4 2/11 (8)5 4/8
(9)2 4/14 (10)3 6/10 (11)3 6/13 (12)2 4/15
(13)3 5/9 (14)4 5/9 (15)2 6/13 (16)2 6/10
(17)3 4/12 (18)3 1/14 (19)3 7/11 (20)2 6/13

Page 69, Item 1:
(1)2 12/14 (2)3 5/8 (3)2 10/15 (4)3 7/12
(5)3 8/12 (6)2 7/14 (7)3 10/13 (8)6 6/7
(9)2 7/8 (10)3 7/12 (11)3 5/13 (12)7 6/7
(13)3 4/12 (14)3 7/12 (15)3 10/15
(16)3 8/12 (17)5 1/6 (18)8 2/5 (19)3 2/14
(20)2 8/15

Page 70, Item 1:
(1)2 8/13 (2)3 1/14 (3)4 2/11 (4)4 9/10
(5)3 8/15 (6)4 5/9 (7)4 2/10 (8)4 1/10
(9)6 2/5 (10)4 3/11 (11)2 8/12 (12)2 4/11
(13)5 4/7 (14)3 10/12 (15)2 12/14
(16)3 6/15 (17)3 3/11 (18)4 7/10 (19)5 4/9
(20)6 2/8

Page 71, Item 1:
(1)3 10/11 (2)3 4/13 (3)6 6/7 (4)3 1/15
(5)5 1/9 (6)2 6/12 (7)2 7/11 (8)2 14/15
(9)4 2/11 (10)4 1/10 (11)3 3/12 (12)5 1/7
(13)3 4/13 (14)2 11/14 (15)3 10/14
(16)3 2/11 (17)5 1/7 (18)3 11/12 (19)7 4/7
(20)3 4/12

Page 73, Item 1:
(1)1 1/6 (2)8/15 (3)5/7 (4)1 1/6 (5)1 2/12
(6)8/12 (7)1 3/9 (8)1 5/8 (9)1/12 (10)2/9
(11)4/7 (12)4/10 (13)8/10 (14)3/11
(15)1 6/7 (16)1/14 (17)1 7/8 (18)3/5
(19)5/8 (20)2/5

Page 74, Item 1:
(1)3/14 (2)1/14 (3)3/15 (4)1/9 (5)3 3/6
(6)4/9 (7)1 1/8 (8)1/5 (9)4/11 (10)7/11
(11)2/10 (12)3/6 (13)1 2/7 (14)7/12
(15)1 2/11 (16)1 4/6 (17)6/10 (18)11/12
(19)1 3/10 (20)4/8

Page 75, Item 1:
(1)3/15 (2)3/7 (3)7/14 (4)1 2/8 (5)1 2/9
(6)5/12 (7)2 2/6 (8)3/12 (9)2/13 (10)7/8
(11)1 6/8 (12)1 6/9 (13)4/13 (14)9/12
(15)9/13 (16)6/8 (17)6/7 (18)4 3/5 (19)2/12
(20)3/13

Page 76, Item 1:

(1)10/12 (2)6/15 (3)2/10 (4)9/15 (5)11/13
(6)1 3/9 (7)10/15 (8)5/7 (9)2 2/5 (10)8/11
(11)1 5/8 (12)2/14 (13)1 7/10 (14)2 1/5
(15)1/11 (16)2 3/7 (17)3/12 (18)3 1/6
(19)6/14 (20)6/10

Page 77, Item 1:
(1)10/11 (2)1 4/5 (3)2 2/7 (4)7/11 (5)3/14
(6)4/12 (7)2 1/6 (8)9/14 (9)4/13 (10)1/12
(11)1 2/9 (12)11/14 (13)4/8 (14)2 2/5
(15)1 5/7 (16)10/15 (17)1 6/7 (18)1/12
(19)1 3/7 (20)6/9

Page 78, Item 1:
(1)1/8 (2)4/11 (3)1/10 (4)12/13 (5)4/11
(6)5/11 (7)7/13 (8)1 4/6 (9)11/12 (10)3/9
(11)5/10 (12)9/14 (13)3/13 (14)8/9 (15)4/9
(16)2/14 (17)6/10 (18)1/14 (19)7/8
(20)3 3/5

Page 80, Item 1:
(1)10.99 (2)12.26 (3)10.79 (4)6.32 (5)4.73
(6)5.21 (7)4.63 (8)8.01 (9)5.61 (10)2.57
(11)9.43 (12)8.66 (13)4.04 (14)10.58
(15)8.60 (16)8.44 (17)4.08 (18)7.14
(19)8.90 (20)11.47 (21)14.51 (22)4.93
(23)5.77 (24)8.81 (25)8.89 (26)5.80
(27)9.74 (28)13.50 (29)14.06 (30)10.99
(31)8.48 (32)9.41 (33)11.50 (34)9.86
(35)4.45 (36)8.19 (37)6.35 (38)6.12
(39)6.27 (40)10.51

Page 81, Item 1:
(1)6.96 (2)7.42 (3)9.50 (4)11.31 (5)6.66
(6)7.37 (7)13.37 (8)7.20 (9)8.72 (10)11.38
(11)9.66 (12)8.54 (13)7.93 (14)5.69
(15)11.33 (16)10.17 (17)7.10 (18)4.50
(19)9.05 (20)13.09 (21)6.01 (22)8.24
(23)3.95 (24)4.25 (25)10.79 (26)12.56
(27)11.15 (28)5.96 (29)10.42 (30)2.53
(31)10.37 (32)11.10 (33)8.91 (34)7.71
(35)10.32 (36)9.01 (37)7.99 (38)6.57
(39)7.17 (40)4.18

Page 82, Item 1:
(1)11.92 (2)11.38 (3)7.15 (4)10.80 (5)12.13
(6)7.31 (7)8.78 (8)9.03 (9)5.06 (10)10.93
(11)13.08 (12)12.80 (13)4.66 (14)3.70
(15)7.67 (16)13.18 (17)7.93 (18)12.20
(19)11.17 (20)9.95 (21)10.99 (22)10.40
(23)7.15 (24)10.32 (25)9.38 (26)6.15
(27)7.60 (28)6.85 (29)13.92 (30)7.17
(31)11.74 (32)7.92 (33)9.21 (34)4.22
(35)8.16 (36)7.25 (37)12.06 (38)10.26
(39)6.32 (40)8.53

Page 83, Item 1:
(1)14.36 (2)4.55 (3)7.32 (4)10.83 (5)7.37
(6)8.36 (7)9.97 (8)9.92 (9)4.53 (10)3.51
(11)7.37 (12)6.12 (13)10.38 (14)9.05
(15)6.09 (16)9.23 (17)9.85 (18)10.71
(19)12.27 (20)9.20 (21)11.40 (22)6.62
(23)4.31 (24)2.91 (25)3.94 (26)10.43
(27)13.98 (28)9.86 (29)13.03 (30)8.58
(31)7.67 (32)9.12 (33)7.14 (34)12.64
(35)10.78 (36)5.05 (37)7.48 (38)12.63
(39)8.11 (40)6.00

Page 84, Item 1:
(1)8.78 (2)9.14 (3)5.05 (4)9.37 (5)6.74
(6)8.50 (7)8.29 (8)11.68 (9)11.20 (10)13.26
(11)8.15 (12)10.96 (13)12.23 (14)6.28
(15)9.27 (16)7.04 (17)4.66 (18)9.08
(19)10.30 (20)7.58 (21)9.89 (22)9.15
(23)8.35 (24)12.14 (25)8.14 (26)5.86
(27)12.26 (28)12.66 (29)11.61 (30)5.06
(31)4.94 (32)6.72 (33)8.24 (34)8.37
(35)9.07 (36)6.67 (37)2.88 (38)5.70
(39)8.53 (40)6.62

Page 85, Item 1:

(1)12.35 (2)6.64 (3)7.33 (4)12.52 (5)13.39
(6)9.84 (7)11.49 (8)2.94 (9)8.81 (10)11.84
(11)5.87 (12)7.71 (13)5.24 (14)12.20
(15)7.05 (16)6.88 (17)7.75 (18)7.85
(19)8.59 (20)4.80 (21)7.92 (22)6.89
(23)5.47 (24)10.77 (25)6.50 (26)12.79
(27)4.84 (28)13.19 (29)10.80 (30)6.72
(31)4.50 (32)5.84 (33)6.87 (34)3.57
(35)6.94 (36)10.04 (37)11.13 (38)11.71
(39)4.63 (40)10.14

Page 87, Item 1:
(1)6.67 (2)3.21 (3)5.71 (4)2.26 (5)3.09
(6)5.61 (7)5.29 (8)3.66 (9)0.85 (10)4.38
(11)4.16 (12)1.50 (13)1.79 (14)4.96
(15)1.72 (16)3.42 (17)3.13 (18)0.88
(19)1.12 (20)1.19 (21)3.66 (22)2.00
(23)5.52 (24)2.59 (25)0.91 (26)5.88
(27)1.52 (28)0.06 (29)2.31 (30)0.90
(31)6.54 (32)5.44 (33)5.62 (34)5.19
(35)3.86 (36)6.64 (37)2.91 (38)1.21
(39)4.15 (40)0.98

Page 88, Item 1:
(1)1.13 (2)0.41 (3)1.55 (4)5.00 (5)0.94
(6)2.86 (7)2.83 (8)4.11 (9)5.73 (10)1.27
(11)1.82 (12)1.73 (13)0.00 (14)4.89
(15)6.10 (16)5.40 (17)0.31 (18)2.21
(19)3.77 (20)2.70 (21)0.11 (22)0.05
(23)0.83 (24)2.41 (25)5.98 (26)0.98
(27)6.36 (28)2.30 (29)6.70 (30)0.12
(31)2.76 (32)0.06 (33)2.07 (34)0.82
(35)0.63 (36)5.73 (37)0.11 (38)4.10
(39)5.41 (40)2.67

Page 89, Item 1:
(1)3.19 (2)0.51 (3)0.95 (4)2.59 (5)4.72
(6)1.27 (7)0.46 (8)4.63 (9)1.77 (10)2.28
(11)1.34 (12)3.39 (13)2.78 (14)0.90
(15)3.78 (16)6.47 (17)3.61 (18)0.22
(19)2.66 (20)2.09 (21)3.20 (22)1.74
(23)4.61 (24)0.24 (25)6.34 (26)0.24
(27)0.99 (28)4.68 (29)0.19 (30)4.46
(31)3.49 (32)0.95 (33)0.16 (34)0.14
(35)4.37 (36)0.28 (37)1.12 (38)3.80
(39)6.02 (40)2.37

Page 90, Item 1:
(1)0.72 (2)1.91 (3)4.93 (4)1.90 (5)3.90
(6)1.68 (7)1.35 (8)3.01 (9)4.24 (10)4.01
(11)4.99 (12)1.22 (13)3.47 (14)6.35
(15)0.86 (16)0.83 (17)0.07 (18)2.44
(19)1.45 (20)1.03 (21)0.16 (22)1.87
(23)3.29 (24)0.14 (25)3.89 (26)4.18
(27)6.17 (28)1.39 (29)4.56 (30)3.62
(31)0.33 (32)0.00 (33)5.62 (34)2.55
(35)0.94 (36)0.32 (37)5.55 (38)5.92
(39)4.00 (40)3.65

Page 91, Item 1:
(1)5.41 (2)2.68 (3)3.51 (4)2.03 (5)3.23
(6)5.32 (7)2.20 (8)3.53 (9)3.96 (10)0.62
(11)1.60 (12)6.63 (13)1.31 (14)1.52
(15)3.61 (16)2.49 (17)1.01 (18)3.76
(19)2.02 (20)6.19 (21)3.55 (22)4.62
(23)0.98 (24)5.16 (25)2.94 (26)2.02
(27)2.79 (28)2.32 (29)2.44 (30)1.25
(31)3.74 (32)2.61 (33)5.29 (34)3.72
(35)1.90 (36)6.43 (37)7.33 (38)0.11
(39)3.48 (40)5.78

Page 92, Item 1:
(1)0.81 (2)5.10 (3)3.88 (4)4.78 (5)0.80
(6)2.82 (7)4.20 (8)4.46 (9)2.72 (10)1.12
(11)5.72 (12)6.82 (13)0.79 (14)1.74
(15)4.35 (16)2.18 (17)4.92 (18)4.27
(19)0.38 (20)5.70 (21)5.52 (22)4.13
(23)1.74 (24)2.45 (25)3.99 (26)5.27
(27)4.40 (28)3.20 (29)2.16 (30)1.68
(31)4.70 (32)2.65 (33)1.35 (34)3.12
(35)0.18 (36)3.59 (37)2.81 (38)0.18
(39)2.04 (40)3.72

Made in the USA
Monee, IL
28 July 2025

22023707R00063